Alicia,
sus demonios

Camaleón

Alicia, Cecilia y sus demonios

MARÍA PAZ SALIDO AMOROTO

Ilustraciones SUSANA ROSCALES

PLANETA & OXFORD

Avda. Diagonal, 662-664, 08034 Barcelona

Parque Empresarial San Fernando. Ed. Atenas. 28830 Madrid

Primera edición: marzo 2004
ISBN: 84-96336-21-2
Depósito legal: M. 5.915-2004
Impreso por Lavel Industria Gráfica
Impreso en España – Printed in Spain

Para Tía Mirari

HERMÓGENES

Hermógenes, que se estaba poniendo la zamarra para salir, detuvo un instante sus movimientos y frunció el ceño. «El psicólogo ese es imbécil», pensó. La satisfacción que había sentido revisando las cuentas de su empresa se acababa de evaporar al recordar a su hija. «Niña-llavero», la había llamado el idiota del medicucho, siguió pensando con gesto cada vez más tenso. ¿Acaso el sabihondo aquél la hubiera preferido niña-trabajadora, como había sido él mismo en su niñez? Alicia iba a un buen colegio, asistía a actividades extraescolares de natación e inglés. Tenía ordenador, todos los juegos que pedía y los fines de semana los pasaba en el chalet, donde podía encontrarse con otros chicos de su edad. ¿Qué más quería?

Hermógenes apagó el interruptor de la luz y conectó la alarma. Como siempre, era el último en salir. Eran casi las once menos cuarto de la noche, pero llegaría a casa en un momento, ya que vivía en la misma manzana. Las oficinas de la empresa estaban encima de la primera tienda que había abierto en Madrid y su piso muy cerca de allí, en una callecita perpendicular a Bravo Murillo. De vez en cuando su mujer decía que deberían mudarse, que aquel barrio tenía poca categoría, pero a Hermógenes le parecía que no estaba mal y que los millones que les costaría una nueva vivienda estaban mejor empleados en abrir otras tiendas y hacer crecer el negocio. Realmente, el barrio seguía teniendo un aspecto bastante antiguo. Aunque las grandes arterias —Bravo Murillo y Reina Victoria— estuvieran llenas de comercios de todo tipo, academias de idiomas e informática, tiendas de fotografía, peluquerías, gestorías, sucursales bancarias, bares y restaurantes, mucho público y mucho tráfico, la densa red de calles y callejuelas que se extendía hacia Moncloa, la plaza de Castilla o la calle Orense seguía dominada por casas antiguas, de tres o cuatro plantas a menudo, en su mayor parte habitadas por personas mayores y de no muchos recursos económicos.

En un edificio moderno, de los que ocasionalmente salpicaban el barrio, vivía Hermógenes Sánchez con su familia. Cuando llegó a su casa, Alicia —como de costumbre— estaba ya dormida. Ángela, su mujer, se encontraba tumbada en el sofá del cuarto de estar, con el televisor encendido y una bandeja con restos de comida en la mesita baja que había al lado del sillón.

—Puedes calentarte albóndigas en el microondas —dijo—. Y he dejado ensalada en la mesa de la cocina. Lo siento, pero estoy demasiado cansada para preparártelo yo.

—¿Qué tal ha ido el día? —le preguntó Hermógenes.

—Horrible. No hemos conseguido el contrato para la campaña de verano de los juguetes Neptuno, y el jefe estaba como una hiena. Como además la semana que viene deciden qué empresa va a hacer la publicidad de la nueva enciclopedia de la editorial Savayana, en lo que llevo tres meses trabajando, no levanto cabeza. Ya sabes que si nos la dan, seguro que me ascienden. Y si no, ascenderán a ese cretino de Rouco.

—¿A qué hora has vuelto a casa? ¿Has visto a Alicia antes de que se acostara?

—Sí, he llegado a las nueve o nueve y cuarto. Pero da lo mismo que llegue pronto o tarde, porque para el caso que me hace... O contesta con monosílabos o con groserías. Estoy harta de ella.

Tras esta última frase, el silencio se adueñó de la casa. El hombre se preparó una cena frugal, de la que dio cuenta sentado junto a su mujer frente a un televisor en el que se sucedían imágenes que sólo en algún momento consiguieron captar su atención.

—¿Has dejado las instrucciones de la asistenta? —preguntó a Ángela levantándose.

—Sí —contestó ella—. Y el dinero para la compra. ¿Te acuestas ya?

—Sí. Estoy muy cansado.

—Yo voy en cuanto acabe esto. Es una bobada, pero ya que he empezado a verlo...

Camino del cuarto de baño, Hermógenes probó a abrir la puerta de la habitación de Alicia. Al

menos no había echado el pestillo por dentro. Aquélla había sido la última bronca que habían tenido, al descubrir que Alicia se dormía encerrada en su cuarto. «¡Aunque no sea más que por si hay un incendio, las puertas no se atrancan!», había vociferado Hermógenes. Y desde entonces Alicia se limitaba a dejar la puerta cerrada, pero sin echar el cerrojo.

Aunque daba igual, pensaba su padre mientras se lavaba los dientes. «Vive en nuestra casa, pero no nos quiere. Es antipática y mal educada y ya hasta me sorprendo cuando la veo reír. ¡Y ahora también en el colegio! Si le hubiéramos dado unos buenos azotes cuando era más pequeña, ahora no estaríamos en esta situación», concluyó con mal humor dirigiéndose a su cuarto.

Alicia había oído la llegada y el ir y venir de su padre. Estaba metida en su cama y a oscuras, pero sin sueño, ya que al llegar del colegio cansada de la clase de educación física se había tirado vestida encima de la cama y había dormido más de dos horas. Pero no pensaba decir ni mu. ¿Sus padres pasaban de ella? ¡Pues ella pasaba de sus padres! Porque tampoco creía a su tutora: «Alicia, tus padres sí te quieren, pero tienen que trabajar mucho porque hay mucha competencia». Sí, competencia, pero su tutora, cuando llegaba la hora de salida, cogía a sus dos hijos y se iba con ellos a casa. Y el psicólogo: «Alicia, el amor no se mide por el número de horas que uno pasa con otra persona. Lo importante no es la cantidad de tiempo que compartes con aquellos a los que quieres, sino la calidad de ese tiempo». ¿Sí? Pues en su caso no había ni cantidad ni calidad. Cuando estaba con sus padres, no tenía más que abrir la boca para que empezaran a regañarla.

Cada vez estaba más harta de todos. Ya ni siquiera le divertía estudiar o ir al colegio. Sus compañeros eran unos estúpidos, pensaba, todo el día contando cotilleos unos sobre otros o coleccionando pósters y pegatinas de futbolistas, cantantes o actores. La única persona que no la molestaba era el profesor de gimnasia, que parecía respetarla y no le echaba sermones. Hoy le había estado enseñando cómo mover los brazos para darse más impulso en los saltos de longitud.

Recordando el entrenamiento, el rostro de la niña se había ido relajando. Alicia contaba doce años, era morena, alta y más bien fuerte. Tenía bonitos ojos negros y los rasgos de la cara eran armoniosos; sin embargo, habitualmente mostraba un gesto adusto que no la hacía atractiva. Siempre se había llevado bien con sus compañeros, pero desde el año anterior las cosas habían cambiado bastante. Con unos se había enfadado; a otros simplemente había dejado de hablarles porque se aburría con ellos.

Y ese desinterés por la gente, que al principio no había hecho más que sorprender a sus profesores, se había extendido a casi todo lo que la rodeaba, estudios incluidos. Alicia estaba acostumbrada a permanecer sola en casa. Desde los siete u ocho años tenía su propia llave y al volver del colegio tomaba la merienda que le habían dejado preparada, veía un rato la televisión y luego se ponía a hacer los deberes o a jugar, hasta que llegaba su madre. Pero poco a poco todo había ido cambiando. El tiempo dedicado a la televisión o a los vídeos había crecido hasta convertirse en su única ocupación. La primera evaluación de aquel curso, que estaba a punto de caer, iba a ser espantosa, ya lo sabía. Seguramente no aprobaría más que las Matemáticas, que le parecían muy fáciles, y la Educación Física. Por cierto, Lorenzo, el profesor, le había dicho que a lo mejor podía conseguir inscribir su colegio en los Juegos Escolares y que quizá ella quisiera competir en atletismo. Eso podría estar bien, pensó súbitamente animada. Y con nebulosas imágenes de carreras, saltos y estadios, Alicia se quedó dormida.

UN ENCUENTRO

La tienda Buena Salud y Ricos Sabores ocupaba una magnífica esquina de Bravo Murillo con la calle de los Gansos y era amplia, luminosa y muy limpia. Tenía varias secciones: Cereales, Frutos secos, Panes y galletas, Conservas vegetales, Bebidas, Condimentos y Ropa de fibras naturales. La parte más vistosa era la de cereales y frutos secos, ya que se vendían empaquetados y a granel. Los empaquetados estaban dispuestos en anaqueles y góndolas como los de cualquier supermercado; pero los cereales a granel se encontraban en grandes sacos abiertos, con letreros que indicaban el producto que contenían y una pala metálica para que cada cliente se sirviera la cantidad deseada. Los frutos secos se hallaban en cajas o botes de cristal, con la tapa en un costado y con una palita para el autoservicio.

Durante muchos años, las visitas de Cecilia a aquella tienda habían sido como un regalo para ella. La primera vez que, teniendo seis o siete años, había ido con su padre, la había maravillado. Se parecía al supermercado o a la cocina de juguete que tenía en casa, con la diferencia de que en lugar de una bolsita con unos poquitos garbanzos y otra con unas cuantas lentejas, allí había muchísimos sacos llenos de comida de colores y tamaños distintos y muchos botes con cantidad de pasas, almendras, avellanas, piñones, castañas secas, nueces, almendrucos, orejones y otras cosas que de verdad se podían meter en una bolsa de plástico, pesar en una balanza de verdad y llevar a casa para comerlas de verdad.

Así que, de vez en cuando, dos o tres veces al año, Cecilia había recordado aquella tienda y pedido a sus padres que la llevaran. Ahora, cumplidos ya los catorce, iba sola, aunque el jugar a las casitas o a los vendedores ya no le interesase. Ahora Cecilia iba porque estaba gorda. Estaba tan gorda que cuando pasaba por delante de una tienda volvía la cabeza hacia el otro lado para no verse reflejada en la luna del escaparate. De manera que había ido reuniendo en su casa una gran cantidad de revistas y libros que explicaban dietas y trucos para adelgazar, y cuando iba a Buena Salud y Ricos Sabores pasaba horas estudiando la composición de los productos envasados, tratando de encontrar aquellos que contenían lo que —según lo último que hubiera leído— iba a solucionar sus problemas de figura.

Aquel día hacía rato que lo había encontrado. Pero aparentaba seguir mirando y buscando, porque se había dado cuenta de que no tenía suficiente dinero. Sus padres le daban diez euros semanales y ya sólo le quedaban cuatro. Las sales que quería llevarse valían siete euros. Podía esperar al sábado y volver para comprarlo, pensaba. Pero hasta el sábado aún faltaban cuatro larguísimos días. Cuatro larguísimos días sin hacer nada por intentar remediar lo gordota que estaba.

—¡Cualquier día tendré que comprar la ropa de la talla treinta y ocho! —se dijo.

Mientras se hacía estas reflexiones no dejaba de dar vueltas en su mano al pequeño paquete de sales. Realmente era muy pequeño, como un paquetito de sobres de té o de manzanilla. Si cerraba la mano casi no se veía y, desde luego, en el bolsillo de la cazadora no abultaría nada.

Cecilia echó una ojeada a su alrededor, casi sin mover la cabeza. Nadie la miraba. Despreocupadamente, se metió las manos en los bolsillos de la cazadora y dejó allí el deseado producto. Dio una vuelta más por la tienda y se dirigió a la salida.

—¡Adiós! ¡No llevo nada! —dijo en tono festivo a las cajeras.

—¡Eh, muchacha! —respondió una de ellas cuando Cecilia estaba a punto de alcanzar la puerta—. ¡Ven aquí!

La niña se paró. El color había desaparecido de su rostro. La cajera llegó hasta ella.

—¿Qué llevas en el bolsillo de la chaqueta? —le preguntó.

—Nada —musitó Cecilia.

—¡Cómo que nada! ¡Vacía los bolsillos! —ordenó la empleada.

Cecilia, a punto de desmayarse de miedo y de vergüenza, se quedó inmóvil. Con gestos bruscos, la cajera metió la mano en los bolsillos de la caza-

Buena Salud y Ricos Sabo
MEDICINALES
DIETETICA
FRUTOS SEC

dora y, tirando al suelo un kleenex sucio, levantó el paquetito de sales.

—¿Y esto qué es? —preguntó triunfante—. ¿Te crees que aquí regalamos las cosas? ¿Que puedes llegar y servirte como si estuvieras en tu casa?

Cecilia no la oía. Las piernas apenas la sostenían y notaba un escozor tan fuerte en los ojos que sabía que en pocos minutos estaría llorando desesperada. Sus padres... la policía... Y sin embargo, era incapaz de pronunciar una palabra para disculparse, enfadando con su silencio aún más a la vendedora, que se dirigía muy ofendida al grupito de personas que se habían congregado alrededor de ambas al oír los gritos.

De repente, del murmullo de curiosos sobresalió una voz.

—Encarna, déjala, que es amiga mía.

Encarna, la cajera, se volvió, quedando frente a Alicia, que era quien había hablado.

—Pero ¿no has visto que se llevaba una cosa sin pagar? —le preguntó.

—No, yo le había dicho que me lo trajese, pero se me olvidó llamar para avisarte —insistió Alicia—. Déjala en paz; ya se lo explicaré yo a mi padre.

—Está bien, hija, tú verás. No es que tenga que meterme en cómo te educan, pero no me parece que ni tu amiga ni tú lo hayáis hecho muy bien —dijo Encarna mientras volvía a la caja, donde continuó rezongando—. ¡Buena paliza me hubiera dado mi padre si yo hago algo así!

Alicia, haciendo caso omiso de los curiosos que las contemplaban, se acercó a la llorosa muchacha y, cogiéndola del brazo, la empujó fuera de la tienda.

—¡Vamos a sentarnos en el parque de los perros! —dijo señalando un pequeño espacio con bancos, columpios y cacas de perro que había en la trasera del edificio.

Las dos jóvenes llegaron, sin hablar, hasta un banco vacío. Después de unos minutos en silencio, Alicia hizo una breve caricia en la mano de Cecilia.

—¿Qué ha pasado? ¿Qué te llevabas?

—Un paquete de sales que he leído que son muy buenas para quitar el apetito.

—¿Quitar el apetito? ¿A quién quieres quitar el apetito? —preguntó Alicia extrañada.

—A mí —respondió Cecilia—. No consigo dejar de comer y fíjate cómo estoy.

Alicia la miró sorprendida. Lo que veía ante ella era una chica normal, de ojos verdes, cabello rubio oscuro o castaño claro un poco ondulado y vestida con pantalones de pana granates y una cazadora azul oscuro. Y, desde luego, no solamente no estaba gorda, sino que era más menuda que la propia Alicia.

—¿Cuántos años tienes? —le preguntó ésta.

—Catorce.

—¡Catorce! Pero ¡si yo tengo doce y estoy más grande y más gorda que tú! —saltó Alicia escandalizada—. ¡Estás loca!

Inmediatamente, se arrepintió de sus palabras. Cecilia, que hasta aquel momento había mostrado un semblante descompuesto y ojos llorosos, se derrumbó y empezó a llorar desconsolada. Alicia no sabía qué hacer.

—Perdona, perdona, no quería ofenderte —le repetía sin éxito—. Por favor, no llores.

Al cabo de un rato, cuando la chica empezó a calmarse y los sollozos a espaciarse, Alicia le cogió la mano y se quedó callada. Finalmente, Cecilia comenzó a hablar.

—Te agradezco muchísimo lo que has hecho,

por mí, aunque no sé por qué me has ayudado. Yo había ido a esa tienda a comprar una cosa que había visto en una revista que ayudaba a la gente que quería ponerse a régimen, pero no llevaba suficiente dinero y no resistí la tentación de metérmelo en el bolsillo, pensando que nadie se iba a dar cuenta.

—Pero ¿por qué quieres ponerte a régimen, si no estás gorda? —le preguntó Alicia.

—Todos dicen lo mismo —contestó Cecilia—. Pero yo sé que me engañan, que me lo dicen para que no me preocupe. Tengo ojos, me miro en el espejo y sé lo que veo.

Alicia estaba desconcertada. Era evidente que aquella chica no fingía, que creía lo que decía. «Es como cuando los niños creen en las brujas —pensó—. No hay quien los convenza de que no existen y necesitan agarrarse a su madre para resistir el miedo.»

—¿Cómo te llamas? —preguntó para salir del atolladero.

—Cecilia Hinojosa. ¿Y tú?

—Alicia. Mi padre es el dueño de Buena Salud y Ricos Sabores y vivimos muy cerca de aquí. Pasaba por delante de la tienda, vi revuelo, y entré para enterarme de qué pasaba.

—Y me sacaste del lío. Muchas gracias.

—¡Bah! No pasa nada. Los mayores son unos exagerados; mi padre también, no creas. Me imagino lo que dirá si se entera: «¡Esas señoritingas, que se quieren quedar con el producto del sudor ajeno!». ¡Estoy harta del sudor...!

—¿Del sudor? —preguntó Cecilia.

—Sí, del sudor. En casa se deben de lavar cada día veinte camisetas de mi padre, porque, por lo que dice, debe de sudar tanto como si estuviera en el desierto. «Lo que tenemos, lo tenemos gracias a mi sudor y al de tu madre», «¿Tú crees que el dinero cae del cielo? Pues no, hija, hay que sudarlo», o «Ganarás el pan con el sudor de tu frente. ¿No te lo enseñan en el colegio?».

—¿Trabaja mucho? —preguntó Cecilia.

—Supongo que sí —respondió su amiga—. Por lo menos sale de casa a las ocho de la mañana y no vuelve hasta las diez o las once. Y mi madre también, aunque ella vuelve antes. Trabaja en una agencia de publicidad. Es una de las personas encargadas de diseñar los anuncios que salen en la tele o en los cartelones de las calles. Ya sabes, eso de inventarse «¡Coma esta porquería, que así conseguirá ser más tonto que los demás!», mientras ponen una película con cosas que no se cree nadie.

—Parece divertido —dijo Cecilia.

—Bueno, a veces lo es. Cuando su jefe todavía no sabe a quién va a encargar una campaña, todos los creativos de la empresa se pasan unos días diciendo chorradas, a ver si alguna resulta buena. Por ejemplo, si va a ser un anuncio de leche, les parecerá genial un eslogan que diga: «Tomen Lelé. Así sus hijos creerán que su mal humor está producido por la leche». ¿Pillas?

—Pillo —sonrió Cecilia—. Pero me parece que estás un poco enfadada con tus padres.

—¿Yo? Ni hablar. Paso de ellos. Bueno, me voy a casa. ¿Quieres venir un rato?

—Me gustaría, pero tengo que estudiar. Podemos quedar mañana un poco más pronto.

—Vale. ¿Dónde? ¿Aquí?

—Bueno. ¿A las cinco?

—De acuerdo. Adiós.

—Adiós. Y gracias —repitió Cecilia.

CECILIA

Al separarse de Alicia, la intranquilidad volvió a adueñarse de Cecilia. La joven sabía que no era una ladrona, pero se daba cuenta también de que estaba dominada por la desesperación que sentía. La desesperación de no conseguir reducir el ancho de aquellas caderas y el tamaño de su culo, y la insatisfacción de no encontrar amigos que la comprendieran. Marchaba hacia su casa con la cabeza baja, evitando cruzar su mirada con la de otros viandantes para no ver reflejada en ella los pensamientos que sin duda les asaltarían al verla: «Pobrecita, ¡qué feúcha!», o «¡Chica! ¡Como no espabiles no encuentras novio ni en las rebajas!».

Y se aproximaba a su hogar con sensaciones

mezcladas. Por una parte, con gusto. Quería a sus padres y a su hermano, y sabía que ellos la querían también. Por otra, con el temor y la desolación del que sabe que va a iniciar una batalla que no tendrá vencedores ni vencidos, pero de la que todos saldrán heridos. La batalla diaria de las horas de comer.

Cecilia saludó al viejo portero, que le contestó con uno de sus latiguillos habituales.

—¿A cuántos has dado hoy calabazas?

La joven sonrió y entró en el ascensor sin decir nada. «¿Seré yo igual de pelma?», pensó. Desde que podía recordar, ésa era una de las bromas que le hacía siempre Anselmo. Al llegar a su casa, fue su madre la que le abrió la puerta diciéndole:

—Ceci, me he sentido activa y he vaciado mis armarios para ordenarlos. Pero se me ha acabado la marcha. ¿Me pondrías un poco de gasolina?

—Venga, pedigüeña, siéntate —le contestó Cecilia.

La mujer se sentó erguida en un taburete de la cocina y la muchacha, dejando libros y carpetas encima de la mesa del pasillo, se colocó detrás de ella, iniciando con manos firmes un masaje sobre el cuello y los hombros de su madre. Al cabo de ocho o diez minutos dio por finalizada la sesión con un amago de cosquillas en el costado de su clienta.

—¡Humm! ¡Sienta de maravilla! ¿Qué tal las clases?

—Bien —respondió Cecilia—. Pero mañana y pasado tengo controles de Inglés y de Sociales y aún no he acabado la marioneta para Manuales.

—Bueno. Pues descansas un poco y te pones

a ello, artista. Aunque antes podrías tomar algo —dijo con un leve quiebro en la voz.

—¡Uf, mamá! ¡Que aún me siento hinchada de las alubias del mediodía!

—Sí, es verdad que llenan mucho. Pero has comido poquitas.

—No, no es cierto —se defendió Cecilia—. Me has puesto un buen plato.

—Bueno, pero de todas maneras ahora podrías tomar un plátano y un yogur.

—Los desnatados se acabaron ayer —respondió rápida la joven.

—Sí, pero ya he traído más. Toma —dijo la madre mientras sacaba un yogur y un plátano de la nevera.

—Plátano no quiero, mami. Te aseguro que estoy llenísima.

—Pero nena, que tienes catorce años. El cuerpo necesita energía para terminar de desarrollarse.

—Sí, ya lo sé, mamá. Pero no quiero plátano, que tiene mucho azúcar.

—¿Qué? ¿Otra vez naranja? —preguntó la madre con un dejo de irritación que no pudo controlar.

—Es una fruta con muchas propiedades alimenticias, no sé por qué pones esa cara —respondió la joven—. Pero te insisto en que no tengo hambre.

—Vale, nena. Tómate el yogur mientras te hago el zumo.

Cecilia comió el yogur en silencio, luego tiró el envase a la basura, tomó el zumo y se fue a su cuarto, recogiendo los libros del colegio que había dejado en el pasillo. Una vez sola en la cocina, la madre destapó el cubo de la basura, buscó el envase del yogur y comprobó que aún quedaba casi la mitad. Con un gesto de dolor, lo volvió a tirar, tapó el cubo y se dirigió a su habitación para terminar de ordenarla. ¡Tenían que decidirse! ¡Debía convencer a su marido de que la niña estaba enferma, que necesitaban ayuda! Él pensaba que era sólo una racha (¡una racha de casi un año!), una manía de las que entran a las adolescentes en esa época en que ya no tienen sitio en el mundo de los niños pero tampoco en el de los mayores. Sin embargo, ella estaba convencida de que el problema era más grave y de que estaban perdiendo un tiempo precioso. No era sólo que Cecilia no comiera casi nada. Además, se estaba distanciando de sus amigas y de sus compañeros en general. Ella la notaba más insegura. Cuando se reunían con la familia —sus hermanos, cuñadas, sobrinos—, Ceci trataba de pasar inadvertida. Intervenía poco en las conversaciones en la mesa, o cuando estaban tomando el aperitivo en el jardín, como si quisiera evitar que las miradas de tíos y primos cayeran sobre ella.

De repente, la señora Hinojosa se acordó de Raúl, su hijo menor, y, dejando lo que tenía entre manos, se dirigió al salón.

—Raúl, apaga ya la tele que es la hora de los deberes. ¿Qué tienes para mañana?

—No tengo casi nada, me da tiempo de sobra de hacerlo luego.

—No empecemos. Estudias ahora y si acabas pronto te pones a jugar.

—Mamá, eres una pesada.

—Sí, peso más que un elefante sagrado. ¡A estudiar!

Mientras empujaba al niño hacia su cuarto, la madre sintió un alivio momentáneo en sus preocupaciones respecto a Cecilia. Al menos era responsable y llevaba muy bien sus estudios. Ese sentido del deber la centraba un poco. ¿De dónde le habría venido aquella manía? ¡Con lo preciosa que era! ¡Y la carita tan dulce que tenía!

La carita dulce se había puesto encima de la ropa una camiseta vieja de su padre, que le colgaba por todas partes, y estaba sentada en una silla, apoyada en el enorme tablero que le servía de mesa, terminando la marioneta. La habitación, que no era muy grande, estaba ocupada casi por mitades por un tablero situado bajo la ventana y que iba de pared a pared, y por una cama cubierta con una colcha de colores, con dibujos de tipo indio. El armario empotrado quedaba semioculto por la puerta de la habitación, que Cecilia no había cerrado. Pero incluso con la puerta cerrada era difícil de distinguir, ya que —al igual que el resto de aquella pared— estaba totalmente tapado con pósters, recortes de revistas y periódicos, fotografías y pegatinas de los temas más diversos: grupos musicales, actores y actrices famosos, volcanes en erupción, campamentos de beduinos, bandadas de flamencos, procesiones de pingüinos sobre el hielo, gigantes y cabezudos del pueblo de sus padres y fotografías suyas y de Raúl con diversas edades. Pero el efecto de aquel abigarrado conjunto era más sorprendente porque los recortes no estaban pegados uno junto al otro, sino que alrededor de cada uno de ellos Cecilia había pintado «marcos» verdes de dos o tres centímetros que individualizaban y resaltaban cada foto, cartel, pegatina o dibujo.

La muchacha estaba concentrada en pintar con cuidado la cara de la marioneta de papel maché que había hecho. Después de dudarlo mucho, se había decidido por dar vida a un viejo chino cuyo

modelo había tomado de una caja de gingseng. Los ojos no eran más que una delgada línea en una cara de la que apenas se veía nada más, cubierta como estaba por una larga barba gris y un gorrito calado hasta las cejas. Cuando acabó, dejó la marioneta en la mesa, apoyada en la pared, y se retiró un poco para observar el efecto que producía. Cecilia sonrió; era un auténtico sabio el que la miraba, entrecerrando los ojos y susurrándole: «El mundo es muy grande, está en continuo movimiento, hay mucha gente diferente, muchas culturas y formas de hacer las cosas, infinitas sensaciones que percibir...».

—Pero ¡yo vivo en Madrid, tío! —exclamó Cecilia bruscamente, tirándose sobre la cama de espaldas a la marioneta y con el libro de inglés en la mano—. ¡Que te jodan! —añadió.

LORENZO

Alicia y Cecilia habían seguido viéndose. Durante las vacaciones de Navidad sólo se encontraron un par de veces pero, en cuanto se reanudó el curso, pasaron a verse casi a diario a la salida del colegio. Se reunían en aquel solar que la primera había bautizado como el parque de los perros y, si no llovía, se quedaban allí, acurrucadas en un banco o —si abueletes con aspecto ausente o de pocos amigos se les habían adelantado— sentadas en un bordillo, intercambiando un montón de confidencias que no parecían tener fin. Si llovía, iban a casa de Alicia; pero Cecilia solía resistirse porque eso la alejaba un poco de su propia casa.

La que más hablaba era Cecilia, que describía

con detalle lo que tenía que estudiar, las dificultades de cada asignatura en función del carácter del profesor o de sus propias limitaciones, las rabietas de su hermano menor, la relación con sus padres... Pero sin duda, el tema al que volvía con más frecuencia e interés era a las relaciones entre sus compañeros de clase. «A Miguel le gusta Elisa, aunque él lo niegue»; «Marta recibe cartas de amor y dice que no sabe de quién son, pero yo creo que miente»; «No sé qué se cree Marcos, con lo feo que es y siempre llamando la atención».

Alicia la escuchaba con gusto, pues intuía que se había hecho importante para su amiga, pero dándose cuenta de que Cecilia rehuía hablar de lo que más le preocupaba. Después de la tarde de su primer encuentro, ninguna de las dos había vuelto a mencionar el incidente que les permitió conocerse ni la causa del mismo. Alicia se había abstenido por delicadeza, sí, pero también por temor a provocar una crisis como la que tanto la había impresionado. Así que se sentaba, escuchaba a su amiga, y esperaba el momento, cercano al de marcharse, en que Cecilia dijera sorprendida:

—¡Caramba! ¡Sí que soy charlatana! ¡No he parado de hablar y tú no me has contado nada! A ver, mosquita, ¿qué me dices?

Alicia se reía y con pocas palabras le contaba lo que tuviera en mente. Era el polo opuesto a su amiga: Cecilia se enrollaba, repetía las frases de los protagonistas de sus historias tratando de imitar voces y gestos, analizaba cada actitud, y calificaba y descalificaba a unos y otros con firmeza. Alicia era escueta hablando. Pocas veces dejaba traslucir emociones intensas respecto a lo que la rodeaba, y sus historias estaban teñidas de escepticismo y distancia. Raramente mencionaba a sus padres, y era Cecilia la que en ocasiones le preguntaba por sus formas de vida o se interesaba por la posible participación de la madre en alguno de los anuncios del momento.

—Entérate de qué es lo próximo que tienen que anunciar. Seguro que a nosotras se nos ocurre alguna buena idea y luego sería divertido ver en televisión lo que han hecho con ella.

—Bueno, no sé, no creo que se lo pregunte —respondió Alicia un día—. En casa no hablamos mucho.

—¿No? Pues qué aburrimiento. Nosotros no

callamos. Bueno... ahora hablamos menos, la verdad —dijo Cecilia terminando un poco mustia la frase alegremente iniciada.

—¿Habláis menos? ¿Por qué?

—¡Yo qué sé! —contestó Cecilia recuperando el tono habitual—. ¿Te crees que porque soy una cotorra contigo me comporto igual con todos? ¡Pues no! Bueno, me voy, que tengo que estudiar. Y oye, a ver qué pasa con lo de tus Juegos. Ya sabes, se empieza por ahí y se termina en las Olimpiadas, con el Rey y el Príncipe saludando a la española medalla de oro en cien metros lisos.

—¡Anda! ¡No digas chorradas! Mañana a lo mejor no podemos vernos, porque no sé cuándo acaba el reconocimiento médico. Así que mejor nos llamamos por la noche y quedamos para el día siguiente.

—¡Vale! Adiós.

—Adiós C.

—¡Eh! ¿Cómo me has llamado? ¡Serás vaga! ¡Pues yo te llamaré A! ¡Adiós A!

—¡Adiós C!

Y dándose un mutuo empujón, las dos chicas se separaron. Alicia se alejó de allí con la sonrisa en los labios y paso indolente. Estaba contenta, aunque la avergonzaban un poco las mentirijillas que contaba a Cecilia. Bueno, más bien tendría que decir la mentirijilla, porque siempre era la misma. A Cecilia le preocupaban los estudios y, aunque Alicia había reconocido que sus notas eran malas, le había asegurado también que aquello había sido un bache y que ya se estaba recuperando. Pero ella sabía que no era cierto. Al llegar a casa buscaría algo en la tele y, si se aburría mucho, cargaría algún juego en el ordenador o quizá hiciera los ejercicios de matemáticas.

Pero estaba lo de los Juegos, que era más importante. Lorenzo, el profesor de Educación Física que había llegado nuevo el año anterior, estaba empeñado en que el colegio presentase sus equipos en los Juegos Escolares que debían celebrarse a finales de mayo. Decía que probablemente en esa edición no consiguiesen ninguna victoria, pero que la participación era muy buena, no sólo para fomentar el ambiente deportivo entre los estudiantes, sino para que éstos aprendieran a vivir y soportar las presiones que origina cualquier tipo de competición.

Lorenzo había conseguido formar, con cierta facilidad, equipos masculino y femenino de baloncesto y de natación, cuyo entrenamiento había puesto en manos de dos becarios del Instituto de Educación Física cuyo sueldo la asociación de padres del colegio había aceptado financiar. Pero su gran ilusión estaba en los equipos de atletismo, que consideraba el rey de los deportes, y en Alicia, a la que valoraba como su descubrimiento más importante.

Alicia no había enloquecido de satisfacción cuando a finales del curso anterior Lorenzo le había propuesto que pasara a formar parte del equipo. No se sentía favorablemente predispuesta hacia ninguna iniciativa que proviniese de un adulto de su entorno, y a Lorenzo le llevó algún tiempo ganarse su confianza. Pero el comportamiento del profesor había sido hábil: hasta el mes de noviembre no le había reiterado la propuesta, rogándole además que tomara tiempo para decidirse, aunque mientras tanto le había mantenido abierta la puerta de los entrenamientos. Y realmente Alicia se sentía bien durante los mismos. Le gustaba correr, intentar adelantar a sus compañeros o dejar

atrás el reloj; se sentía fuerte y poderosa dando zancadas en el aire y tirando de su cuerpo hacia adelante para caer un poquito más allá en los saltos de longitud. Le satisfacía luchar contra todo y contra todos, y sólo en la carrera de relevos hacía el esfuerzo de recordar que formaba parte de un equipo.

Finalmente, en navidades, poco después de conocer a Cecilia, había aceptado el compromiso, y al día siguiente tenía que pasar el reconocimiento médico que el reglamento de los Juegos exigía a todos los participantes. «Si ahora no me dejasen participar me llevaría un berrinche», se dijo la chica.

—¡Alicia! —oyó que gritaban a su espalda.

—Hola —dijo a su padre, cuando éste llegó hasta ella.

—¿De dónde vienes? ¿En qué ibas pensando que parecías tan contenta?

—En nada —contestó ella—. Voy hacia casa —continuó, ignorando la primera pregunta.

—Tengo una reunión dentro de media hora. ¿Quieres merendar algo aquí? —intentó de nuevo el hombre señalando una cafetería próxima.

—Prefiero ir a casa; no tengo hambre todavía.

—Bueno, hasta luego entonces —se despidió Hermógenes con una mezcla de rigidez y tristeza en el rostro.

—Adiós.

«Siempre fastidiando —pensó Alicia—. ¿Qué se cree, que voy a morirme de gusto porque me conceda media hora antes de su importante reunión?»

ANEMIA

—Hasta luego —dijo Alicia aproximándose a la puerta del cuarto de sus padres—. Me voy.

—Pero ¡si no has desayunado! —se sorprendió su madre.

—No tengo hambre, no sé qué me pasa. Tomaré un bollo después —contestó la chica.

Ángela salió al pasillo y miró a su hija.

—¿Qué te ocurre? ¿Has dormido mal? ¿Tienes ganas de vomitar?

—No, sólo noto el estómago raro. Ya se me pasará. Adiós.

—Adiós, hija —le dijo su madre, intentando darle un beso que Alicia esquivó—. Hasta luego.

La muchacha se fue rápidamente, cerrando la

puerta tras de sí. Se dirigió al ascensor con paso firme y salió rápida del edificio, camino del colegio. Era el día del reconocimiento médico y tenían que ir en ayunas para las tomas de sangre. En la mochila llevaba el bote de plástico que les habían dado la víspera para que lo llenaran con la primera orina de la mañana. Se sentía como cuando era pequeña y toda la clase se iba de excursión. Era una mezcla de euforia, energía y nervios, como si, en lugar de ir y volver en el día, la salida fuera a prolongarse mucho más. En aquellas ocasiones el día siempre parecía más limpio, como si se respirara de otra manera. Aquella mañana se sentía igual. Empezaba a vivir la excitación de la competición, de salir de la rutina, de hacer algo en lo que por unos minutos ella sería el objeto de todas las miradas. El temor de la víspera volvió a cruzar por su mente («¿Y si no me dejan participar?»), aunque se volatilizó en seguida. Nunca había estado enferma. Ni siquiera una gripe o diarreas, como muchos de sus compañeros. Así que, relajada de nuevo, siguió bajando marchosa la calle hacia la zona de Colegios Mayores, en la que se encontraba el suyo.

Alicia iba al Colegio Norte, un centro privado, mixto y con buenas instalaciones. Un amplio edificio de tres plantas albergaba las aulas, la biblioteca y la sala de ordenadores, y en otro pabellón estaban el gimnasio, la piscina y los vestuarios. Ambas construcciones se encontraban rodeadas por una zona acotada para los recreos de los más pequeños, campos de fútbol y baloncesto y un campo de cemento que, según las épocas, había servido para que los alumnos patinasen, jugasen al hockey o —como ahora— entrenasen velocidad. Y por una extensa franja de terreno, con hierbajos y algunos matorrales, en el que habían habilitado una pequeña zona para el salto de longitud.

Al acercarse al portón por el que entraban los autobuses que hacían las «rutas», la recogida y distribución de alumnos por todo Madrid, la joven distinguió a varios de sus compañeros de aventura, que ya se habían ido reuniendo en una esquina, esperando a Lorenzo y al autobús que debía conducirles a las instalaciones de Medicina Deportiva de la Comunidad. Sus voces y continuo movimiento delataban el mismo nerviosismo que experimentaba Alicia, que fue asaeteada por el jolgorio.

—¿Has desayunado?

—¿Has meado en el tiesto?

—Espero que no traigas el corazón partido por algún enamorado que no te corresponda.

Alicia se unió al grupo contenta. Se llevaba bien con ellos, aunque no intimaba con ninguno. Era la benjamina del equipo, pero su carácter pausado y su alta estatura le habían permitido una integración fácil en el mismo.

—¿Aún no ha llegado Lorenzo? —preguntó.

—Sí, pero ha ido a secretaría a por no sé qué papeles —le contestaron.

Poco antes de las nueve menos cuarto había arrancado el autocar con los cuarenta chavales y su profesor. Las instalaciones de Medicina Deportiva se encontraban muy cerca del colegio, por lo que a las nueve se apelotonaban todos delante de un sonriente enfermero que trataba de conseguir silencio para darles instrucciones.

—A ver, ¡un poco de silencio, por favor! Escuchadme: aquí sabemos que los deportistas de élite como vosotros...

La frase quedó interrumpida por aplausos y gritos de satisfacción de los jóvenes, que, tras unos instantes, volvieron a recuperar la seriedad.

—Decía que a personas sensibles como vosotros hay que tratarlas con mucho respeto, intentando que pierdan lo menos posible de su valioso tiempo. Así que vais a dividiros en cuatro grupos: dos con la mitad de los chicos, y otros dos con la mitad de las chicas en cada uno. ¡Venga! Formad los grupos y separadlos, para que yo pueda distinguirlos.

Los siguientes minutos fueron de revuelo, ya que todos acometieron la ordenación como si la pertenencia a uno u otro grupo fuera a marcar su futuro: amigos que no querían separarse, grupos que quedaban desequilibrados... Cuando finalmente se pusieron de acuerdo, el enfermero les asignó números (grupo uno, dos, tres y cuatro) y continuó:

—Grupo uno, a la sala Blume, por la izquierda. Grupo dos, a la sala Bahamontes, también por la izquierda. Grupo tres, a la sala Lilí Álvarez y grupo cuatro, a la Ángel Nieto, los dos por la derecha.

Los jóvenes se dispersaron entre risas, bromas

y preguntas: «Oye, tú, ¿quién es ese Bahamontes?», «¿Y Blume?». Y la maquinaria médica cayó sobre ellos. Les hicieron desvestirse y cubrirse únicamente con una bata con cinturón pero sin botones, les tomaron muestras de sangre, les recogieron las de orina y les dieron un yogur y cereales para, al cabo de media hora de descanso, iniciar realmente las pruebas: radiografías, ecografías, auscultaciones, electrocardiogramas, pruebas de esfuerzo, pasillos rodantes, remos... Y todo ello en medio de un silencio roto sólo por breves intercambios de palabras entre médicos y enfermeras. Los colegiales se cruzaban en los pasillos, o en la puerta de las distintas habitaciones o salas y, aunque en ocasiones intercambiaban alguna broma, la mayor parte de las veces se limitaban a hacerse gestos que se querían cómplices. Se sentían como en una película de ciencia ficción: llevados, traídos y examinados por personas con batas blancas o verdes que no dejaban de enchufarles cables, mirar aparatos misteriosos y hacer anotaciones que —cuando llegaban a ver— se les antojaban cabalísticas.

Alicia estaba tan seria como los demás, aunque le parecía cómodo dejarse llevar y limitarse a contestar preguntas, hacer flexiones o carreritas sin moverse del sitio y quedarse quieta cuando se lo ordenaban. Ya no temía estar enferma. No pensaba en nada, sólo esperaba la siguiente instrucción y ni siquiera intentaba imaginarse para qué serían los aparatos que llenaban el cubículo de turno. Así que se quedó sorprendida cuando oyó que le decían:

—¡Se acabó, chavala! ¡A vestirse!

En el vestuario empezó la recuperación de la normalidad. Las chicas iban llegando un poco aleladas, pero el contacto con las demás las devolvía rápidamente a la vida y estallaban en comentarios y preguntas, tratando de comparar sus experiencias. Cada una contaba lo que le había parecido entender, lo que había interpretado, lo que le había divertido o preocupado. No se escuchaban mucho unas a otras, pero era sólo la primera aproximación: sabían que en los días siguientes tendrían ocasión de repetirse las preguntas y los comentarios, y que Lorenzo podría explicarles muchas de las experiencias por las que habían pasado aquella mañana.

Lorenzo los esperaba sonriente a la salida. Conocía las sensaciones que estaban experimentando sus alumnos y estaba preparado para resistir la avalancha de interrogantes y comentarios que su sobreexcitación produciría. Pero conocía también la alegría que produce la sensación de fraternidad, y sabía que aquella mañana habían dado el primer paso para formar equipo y gozar —y sufrir— con los avatares del mismo.

Por la tarde, nada más llegar a casa, Alicia llamó a Cecilia. Tenía ganas de contarle lo de la mañana y quería quedar para el día siguiente. Pero en casa de Cecilia no debía de haber nadie, porque no respondían al teléfono. Por fin, a las siete y media lo cogió la madre.

—Alicia, dice que te llama ella dentro de un rato —informó tras haberse ausentado un momento para llamar a su hija.

—Vale, gracias —contestó la muchacha.

Una hora después llamó Cecilia y, nada más reconocerla, Alicia le espetó:

—¿Qué te pasa? Tienes rara la voz.

Cecilia hizo un breve silencio para romper a llorar inmediatamente después.

—¡C! ¿Qué te pasa? ¡Por favor, no llores! ¿Qué te pasa?

Entrecortadamente y repitiendo a veces las frases, apremiada por una Alicia nerviosa y que no entendía la mitad de lo que su amiga le contaba, Cecilia le fue explicando que la habían llevado al médico y que aquél había dicho que estaba anémica y que debía hacer reposo y tomar vitaminas y reconstituyentes y no sabía qué cosas más. Y que iba a tener que perder clases y se iba a atrasar en los estudios.

—Pero ¿por qué estás anémica? —preguntó Alicia finalmente—. ¿Estás enferma?

—Es que dicen que no como bastante —respondió Cecilia tras una casi imperceptible pausa.

Entonces fue cuando Alicia comprendió la situación, recordando lo sucedido en Buena Salud y Ricos Sabores. Las dos callaron durante un rato, hasta que finalmente Alicia reanudó la conversación.

—Entonces ¿mañana no vas al cole?

—No.

—¿Puedo ir a verte por la tarde?

—Sí, claro. Me gustaría.

—Bueno, pues a la salida del colegio me acerco. Y no seas tonta, que con lo bien que vas en los estudios no te pasa nada por estar unos días de vacaciones. Y además puedes estudiar en casa, ¿no?

—Sí, pero no es lo mismo —contestó Cecilia.

—Anda, no seas exagerada, que todos los empollones sois iguales. Hasta mañana, C.

—Hasta mañana, A.

Alicia colgó el teléfono y se quedó pensativa. No entendía lo que le pasaba a su amiga. Cecilia estaba bien y era muy simpática. Si la comparaba con otras chicas de su colegio, era más guapa que la mayoría y no estaba gorda en absoluto. Pero ¿qué vería cuando se miraba al espejo? Desde luego no la realidad, sino cosas que ella se imaginaba: que los demás la encontraban fea, que se burlaban de ella porque era bajita, que no era como las actrices de la televisión...

Metida en estas reflexiones, Alicia oyó llegar a su madre.

—¿Qué tal estás? —le preguntó la mujer—. ¿Se te ha pasado el malestar de la mañana?

—Sí —contestó la chica, aún afectada por el recuerdo de su amiga.

—¿Ha habido algo especial? —continuó su madre.

—Bueno, que una amiga mía está anémica y tiene que quedarse de reposo en casa —contestó Alicia como hablando para sí misma.

—¿Y de qué tipo es la anemia?

—No sé, es por no comer —respondió Alicia.

—¡Por no comer! ¡Ya estamos con la tontería esa! ¿Es que os creéis que todas podemos ser Marilyn? Cada una tenemos una constitución distinta y unas tenemos que aguantarnos con las piernas gordas y otras con las tetas demasiado pequeñas. ¡No te irá a entrar a ti esa manía, espero!

Pero Alicia ya no la escuchaba. Se había ido a su cuarto, dejándola con la palabra en la boca. Era tonta. ¿Por qué le había contado nada? ¿Aún no se había enterado de que los molestaba? ¿De que no les interesaba lo que ella pensaba? Sólo querían que estudiase y que les agradeciera todo lo que hacían por ella. ¡Pues ella no les agradecía nada! «¡Que se lo guarden todo para ellos!», pensó hincando con rabia la punta de un bolígrafo en la superficie de la mesa y haciendo un rayajo con ella.

NO HAY FOTOS TUYAS

Aquella noche no volvió a despegar los labios más que para contestar con monosílabos a los intentos de conversación de su madre. Se acostó nada más cenar y, aunque la rabia le mantuvo los ojos abiertos durante unos segundos, las tensiones del día habían sido demasiado fuertes como para permitirle mucha vigilia, de forma que al poco rato se quedó dormida.

Al despertarse por la mañana, recorrió con la vista su habitación buscando algo que regalar a Cecilia. Muñecos, películas y cintas junto al equipo de tele y de música, el ordenador con sus cosas, algunos libros... Alicia se levantó y abrió el cajón de la mesa, abarrotado de pequeños objetos: pasadores para el pelo, pins, entradas de un concierto en la plaza de toros, gafas de bucear, fotos de la clase en Carnavales, muñequitos, pelotas de ping-pong... Rebuscando, encontró un collar mexicano de cuentas marrones y azules, unidas por alambres dorados, que le había traído un proveedor de su padre. «Esto le gustará», se dijo. Años atrás había coleccionado papel de cartas y sobres, de colores, con dibujos en los bordes o de formas graciosas. Buscó un sobre bonito, metió el collar dentro y así pertrechada inició alegremente el día.

—Es imposible que Cecilia no se ponga bien —se dijo.

La mañana transcurrió de prisa, aunque tuvo que soportar la bronca del profesor de Lengua, enfadado porque no hubiera hecho el resumen —ni leído— de *Un capitán de quince años*, de Julio Verne. Otros de la clase tampoco lo habían leído pero, al menos, se habían molestado en pedir a algún compañero que se lo contase para hacer el resumen. O, directamente, lo habían copiado de colegas complacientes. Pero Alicia no intentaba disimular. Ella misma se quedaba sorprendida en ocasiones de que esas broncas le entraran por un oído y le saliesen por el otro. Las que tenía con sus padres le dolían. Las de los profesores la dejaban indiferente.

Antes de las cinco ya estaba llamando a la puerta de los Hinojosa. Abrió Raúl, detrás del que apareció inmediatamente su madre, vestida con una bata blanca.

—¿Tú eres Alicia? —preguntó sonriendo—. Tenía ganas de conocerte. ¿Te regañaron mucho en tu casa por los paquetes rotos?

—¿Paquetes rotos? —se extrañó Alicia.

—Sí, los que se te rompieron al chocar con Ceci, que ya nos contó que os conocisteis así.

—¡Ah! No, no mucho. No fue muy importante.

—Me alegro. Pasa. Ceci está en el baño. Ahora sale.

La señora la condujo hasta el cuarto de su hija. Alicia se quedó de pie en la habitación, contemplando el mural, y así la encontró Cecilia al volver del baño.

—C, ¿por qué no hay fotos tuyas de los últimos años? —le preguntó cuando la vio entrar.

—Eres muy lista, Alicia. Siempre vas directa a lo más importante. ¿Es que piensas ser detective?

—Contéstame, tía —insistió su amiga.

—No hay fotos porque no me gusto. Bastante malo es tener que verme cada dos por tres en el espejo como para embobarme mirando mi cara de pan.

—Tía, ¡de verdad que me pones mala! —contestó Alicia agresivamente—. Venga, vomita de una vez. A ver, ¿qué más espantos tiene tu cuerpo?

—¿Que por qué no me gusto? ¿Es que no lo ves tú misma?

—Mira, Cecilia, ¿sabes qué me gustaría hacer ahora? Ser pequeña, echarme encima de ti y pelearme contigo por el suelo. Darte patadas y pegarte. Me has puesto rabiosa. Así que hazme caso y explícame tu rollo, a ver si se me pasa.

—No tengo mucho que contar, A —dijo Cecilia en tono humilde—. Es sólo que creo que tengo el culo gordo y los muslos de vaca. Que soy una patosa andando y moviéndome, y que esta carota redonda da risa.

—¿Y crees que la cara te va a cambiar porque dejes de comer? —le preguntó Alicia—. ¡Si tienes la cara redonda pues tienes la cara redonda!

—Sí, sí cambia. Mira —dijo Cecilia con nuevos ánimos. Y repitió—: Mira.

Y sacando unas fotos del cajón de la mesilla, puso dos delante de Alicia.

—Ésta es del año pasado y esta otra me la acaban de hacer para el carnet de identidad.

Alicia miró las dos fotografías. En la primera se veía a Cecilia en el parque de atracciones, sentada en uno de los carritos de la montaña rusa esperando a que arrancara. La segunda era la típica foto de carnet.

Efectivamente había diferencia, aunque Alicia pensó que el fotógrafo de la segunda había creído que sólo tenía que sacar los ojos de la chica: era lo que más destacaba, unos ojos inmensos en medio de un rostro cuyas mejillas empezaban a hundirse.

—C, no lo entiendo —dijo Alicia súbitamente decaída al comprender que podrían pasarse horas discutiendo la forma y las características de cada parte del cuerpo de su amiga sin que aquélla cambiase los extraños cristales que tenía en los ojos del coco, que le hacían ver las cosas de una manera tan especial—. Todos tenemos algo feo. Yo tengo doce años y calzo un treinta y nueve. ¿Te imaginas qué pasará cuando tenga dieciséis?

—Pero tú eres muy lista y seguro que te conviertes en médica o en científica, o en empresaria importante, como tu padre, y todos irán a pedirte consejo y te respetarán mucho.

—¡Mira, tía! —saltó Alicia—, ¡estás volviendo a sulfurarme! ¡No te enteras de nada! Aquí la única que puede llegar a médico eres tú, que eres aplicada. Yo no doy ni golpe, he suspendido todas las evaluaciones de este curso y sigo sin abrir un libro.

»Y en cuanto a ser como mi padre, mejor no me lo vuelvas a decir —terminó chillando enfurecida.

Unos golpecitos en la puerta rompieron el silencio que se había hecho en el cuarto. La hoja se entreabrió y asomó la madre de Cecilia preguntando si pasaba algo.

—No, mami, no pasa nada —respondió Cecilia.

La mujer se retiró en silencio, no sin antes escrutar las caras de las dos jóvenes.

—A, no te enfades, porfa —dijo Cecilia tirándole de un brazo para obligarla a que se sentara a su lado en la cama—. Todos se cabrean conmigo y

yo sé que me quieren, pero no puede ser que no vean cómo soy, y yo me niego a engañarme. Venga, cuéntame cómo te fue lo del reconocimiento médico.

—¡Yo qué sé! —respondió Alicia aún invadida por el malestar—. Pero tía, menos mal que no has nacido en China, porque si no, ahora estarías pidiendo que te vendaran los pies para ser más frágil y delicada.

—Pues quedaría muy elegante —contestó Cecilia riendo y levantándose de la cama—. Fíjate —continuó.

Cecilia se recogió el cabello en una coleta que atravesó con dos largos pinceles que tenía en la mesa; cruzó recatadamente los antebrazos como si los estuviera metiendo dentro de las mangas de un kimono y, descalzándose, encogió los dedos de los pies, tratando de esconderlos hacia abajo.

—¿Qué puede hacel esta humilde selvidola pala que la luz vuelva a iluminal el lostlo de su dueña y señola? —murmuró inclinándose ante Alicia.

—¡Idiota! —exclamó ésta echándose a reír—. ¡Gamberra!

—¡Uff! ¡Menos mal que se ríe! No te enfades más conmigo, ¿vale?

—Bueno, ya lo pensaré —contestó Alicia, y, sacando el sobre con el collar, añadió—: Por hoy te perdono, así que te daré el regalo que te había traído.

AUTORIZACIÓN PATERNA

Unos días después, Lorenzo convocó a sus muchachos en el gimnasio a la hora del recreo. Cuando Alicia iba hacia allí le pareció ver a una de las chicas del equipo de baloncesto que lloraba en una esquina rodeada por otros compañeros, pero no se detuvo: estaba impaciente por oír al profesor.

Cuando todos estuvieron reunidos, Lorenzo les dijo:

—Tengo dos noticias buenas y una mala, ¿por dónde queréis que empiece?

—¡Por las buenas! —dijeron unos.

—¡Por la mala, por la mala! —vocearon otros.

—Bueno, la mala, que ya he comunicado a la interesada, es que a Teresa López le han encontrado un pequeño problema de corazón y no puede formar parte de nuestro equipo. La primera buena es que vosotros estáis tan sanos como las manzanas de la huerta de mi padre y podéis empezar a sufrir para daros el gusto de participar en los próximos Juegos Escolares.

La algarabía se adueñó del gimnasio hasta que Lorenzo volvió a reclamar silencio.

—La segunda noticia buena es que los tutores de vuestros respectivos cursos están de acuerdo en que la última hora de la tarde la podáis dedicar a entrenar. Así que, en principio, desde el lunes hasta finales de mayo, entrenaremos dos horas diarias, de cuatro a seis. ¿De acuerdo? Pues entonces lo único que falta es que vuestros padres os firmen una nota, autorizando vuestra participación en los Juegos y que os fuméis una clase todos los días.

La alegría de Alicia se desvaneció en un instante. ¿Por qué caray tenía ella que decir nada a sus padres? ¿Qué les importaba lo que ella hiciera con su tiempo? Sabía que se la darían, pero detestaba tener que pedírselo. ¿Y si intentaba no llevar la nota? ¿Y si le decía a Lorenzo que...? Se mosquearían y empezarían otra vez las conversaciones con la tutora, con el psicólogo... ¡A la mierda todo! Sin pensarlo dos veces, Alicia cogió con furia un balón que había cerca de ella y lo lanzó con toda su fuerza contra la esquina del gimnasio, donde se encontraban los carritos de las mazas de gimnasia, que, con el impacto, chocaron entre sí haciendo caer las mazas, que se desparramaron por el suelo. Las conversaciones se detuvieron y se hizo el silencio. Lorenzo miró preocupado a la chica, pero no intentó retenerla cuando Alicia salió del gimnasio sin decir nada.

Aquella tarde no fue a casa de Cecilia. De mal humor, escribió con su ordenador la siguiente nota:

Autorizo a mi hija Alicia Sánchez Rubio a participar en los Juegos Escolares y a dedicar la última clase de cada día a entrenamientos.

Iba a añadir «Firmado:»... y el nombre de su padre. Pero luego pensó que igual la podía firmar su madre y la dejó así.

Cuando llegó su madre, se la dio, explicándole el asunto brevemente.

—Pero así vas a estar más cansada y a estudiar menos —le dijo la mujer.

—No, el entrenamiento es una bobada, sólo vamos a correr un poco.

—Bueno, cuando venga tu padre se lo comento y te la dejamos para el desayuno.

—Vale —contestó Alicia, aliviada. Al fin y al cabo, el trago había sido menos malo de lo que esperaba.

Cuando llegó su padre por la noche, ella estaba ya en la cama, aunque despierta. Estuvo tratando de distinguir las voces de sus padres para ver qué decían, pero cuando se encontraban en el salón casi no se oía nada. Su padre estuvo hablando un rato con tono más fuerte del habitual, pero ni siquiera así pudo entender qué decía. De forma que finalmente se rindió y se quedó dormida.

La sorpresa la esperaba a la hora del desayuno. Cuando lo estaba tomando, apareció su padre en la cocina.

—Alicia, tu madre me ha contado lo del entrenamiento. ¿Cuándo son esos Juegos?

—En la última semana de mayo.

—¿Y cuándo es la próxima evaluación?

Alicia se puso en guardia. Tras un breve silencio, contestó:

—En abril.

—Está bien. Puedes entrenar. Pero en la próxima evaluación quiero ver suficientes en Matemáticas, Ciencias de la naturaleza, Lengua y Sociales. Repito: Matemáticas, Ciencias de la naturaleza, Lengua y Sociales. Si no están las cuatro aprobadas, se interrumpen los entrenamientos y cualquier posibilidad de que participes en la competición. ¿Me he explicado bien?

Alicia se quedó helada. No esperaba nada así pero, por otra parte, conocía aquella mirada de su padre. Era de determinación y dureza. De esa fuerza que decían le había llevado al éxito en los negocios habiendo partido de cero.

La joven no habló. Sin terminar el desayuno se levantó, se fue a su cuarto, cogió la mochila y el abrigo y salió de la casa. Detrás quedaron los padres en un silencio tenso.

—Si no nos quiere, peor para ella —dijo Hermógenes fríamente—. Pero, al menos, estudiará y aprenderá algo. Fírmale la nota y déjasela en su cuarto.

La muchacha había salido de casa con la mente en blanco. Sin pensar en nada. Había echado a andar hacia el colegio, como todos los días, repitiendo pasos y gestos que tenía automatizados: pararse en el primer semáforo para esperar la luz verde; llegar al segundo y pulsar para que se pusiera rojo para los coches que bajaban rápidos hacia la Ciudad Universitaria y le dieran paso. Atravesar los jardines de uno de los Colegios Mayores que le permitía ahorrar unos metros. Pero movía las piernas inconscientemente. No pensaba ni en sus padres ni en la competición. Sólo andaba.

Cuando llegó ante la valla del colegio pareció reaccionar y lo hizo rompiendo la rutina diaria. Apresuró la marcha, pasó de largo ante la puerta principal y rodeó el centro, metiéndose campo a través y dirigiéndose hacia los jardines de la Complutense. Tuvo que andar un rato por una zona solitaria pero, finalmente, sus pasos empezaron a mezclarse con los de los grupos de estudiantes universitarios que se dirigían a sus respectivas facultades.

Al llegar a los jardines de Medicina, buscó un banco y se sentó. La mañana no era muy fría, aunque estaba nublado. A pesar de ello, al sentarse notó la intensa frialdad de la piedra y, sin dudarlo, abrió la mochila y sacó los dos primeros libros que encontró, acomodándose después sobre ellos. La rabia se iba apoderando poco a poco de ella, y al poco rato ya no sabía a quién detestaba más: si a sus padres por forzarla, a Lorenzo por haberla metido en el equipo, a sus compañeros por no tener aquellos problemas, o a toda aquella gente que pasaba cerca de ella, tan contentos y tan indiferentes a su suerte. Hubo un momento en que sintió incluso escozor en los ojos, que estuvieron a punto de humedecerse. Pero hacía tiempo que Alicia no lloraba y tampoco se le escaparon las lágrimas en esta ocasión.

Al cabo de un par de horas empezó a encontrarse entumecida. Se levantó y, recogiendo sus cosas, empezó a dirigirse hacia el colegio. La marcha fue lenta y desganada, aunque finalmente aceleró al comprobar que estaba a tiempo de llegar antes de que acabara el recreo, lo que le permitiría una entrada más discreta. Al llegar, inventaría una excusa para la tutora y en el recreo de mediodía buscaría a Lorenzo y le diría que había decidido no participar. Tendría que aguantar su chaparrón de preguntas, pero no podía obligarla.

Sin embargo, dejó pasar la hora de la comida sin buscar a su profesor de gimnasia. Sentía flojera en los músculos. «No tengo ganas de hablar con nadie —pensó—. Se lo diré mañana.»

Cuando acabaron las clases dudó, aunque no mucho. No tenía ganas de ver a nadie, pero realmente prefería ir a casa de Cecilia que volver a la suya.

BIENVENIDA AL CLUB DE LOS TONTOS

En los días transcurridos desde que se había iniciado la forzosa inactividad de Cecilia, Alicia se había convertido en visitante habitual de la casa de su amiga. Unas veces merendaba con Cecilia y su madre, y mantenía vehementes discusiones con ésta sobre los temas más diversos; otras, la mujer tenía alguna clienta con la que se encerraba en su salita de esteticista y sólo aparecía por la habitación de Cecilia en algún momento para interesarse por los progresos de «mi deportista favorita», como la llamaba. Claro que también un día le había dicho que la iba a llamar «Doña De Qué Se Trata Que Me Opongo», porque Alicia siempre se las arreglaba para buscar puntos de vista sobre las cosas que le permitieran oponerse a las afirmaciones de Cecilia-madre. Pero a Alicia no le importaba. Estaba descubriendo el placer de la conversación y le gustaba que la mujer escuchase sus argumentos y tratara de rebatirlos.

También había habido días malos. Cecilia recibía a diario la visita de un practicante que le ponía las inyecciones recetadas por el médico, tomaba pastillas a la hora de las comidas y estaba sometida a reposo forzoso, pues no se podía mover de casa más que para tranquilos paseos por el campo los sábados y domingos con sus padres. Pero un día su madre descubrió que no se tragaba las pastillas, sino que las guardaba bajo la lengua para tirarlas después, lo que había dado lugar a bronca, disgusto y a un severo control —que a todos avergonzaba un poco— de que efectivamente había ingerido la pastilla de cada momento. Las horas de las comidas seguían siendo tensas, porque la chica trataba de reducir al máximo lo que tomaba, y había tardes en que Alicia la encontraba llorosa porque decía que con aquella inactividad y aquel régimen alimenticio y médico se estaba poniendo como una boa.

Pero, en conjunto, también para Cecilia había más momentos buenos que malos. La joven esperaba que, pasado aquel período, sus padres olvidaran la amenaza de llevarla a un psicólogo. El padre le había dado tres meses de plazo, al final de los cuales, si todo seguía igual, recurrirían a ese especialista. Y Cecilia, tratando de disimular y de convencerlos de que su actitud estaba cambiando, había ratos en que se llegaba a olvidar del problema. Los estudios, que no abandonaba, las visitas diarias de Alicia y las ocasionales de otros compañeros del colegio le llenaban las horas.

Aquella tarde Alicia encontró a Cecilia-madre en el descansillo de la escalera, despidiéndose de una clienta. De una ojeada, la mujer captó la tensión con que llegaba la chica y, cogiéndola de los hombros por detrás, le dijo:

—Alicia, ¿sabes para qué usan los ejecutivos modernos el squash?

—¿El squash? No sé, para mantenerse en forma, supongo.

—¡En forma, sí! Pero no en forma física, como ellos creen. Lo usan para lo mismo que mi madre usaba las eras de las afueras del pueblo. ¿Te lo explico?

Alicia se había vuelto y la miraba con expresión suspicaz. ¿A qué venía aquello?

Sin inmutarse, la madre de Cecilia continuó.

—Mi madre era la única mujer en una casa con cuatro hombres, mi abuelo y tres tíos míos, un cubil con tres cerdos, un establo con dos vacas y un corral con gallinas y pavos; y además tenía que ayudar en el campo en la época de la siega. Digo la única mujer, aunque mi abuela también vivía allí, pero había tenido un ataque y estaba paralítica y muda. En aquella época los hombres no movían un dedo cuando llegaban a la casa y, además, se consideraban con derecho a mandar a cualquier mujer de la familia. Así que te podrás imaginar lo que trabajaba mi madre y lo que tenía que aguantar. Y cuando no podía más, ¿sabes qué hacía?

—No —contestó Alicia.

—Salía a las eras y se ponía a gritar. Gritaba fuerte, fuerte, imaginando que le salían por la boca todos los demonios que se le habían ido metiendo dentro y que se iban tanto más lejos cuanto más fuerte gritara ella. Y sólo paraba cuando la garganta empezaba a dolerle. ¿No te parece que los antiguos también eran listos? —preguntó después de una pausa.

—Yo no tengo ganas de gritar —dijo Alicia.

—¿Ni un poquito? —preguntó en tono zumbón la mujer ante la mirada sorprendida de Cecilia, que acababa de entrar en la cocina.

—Bueno, un poco quizá sí —admitió aquélla—. Pero no tiene importancia.

—¿Qué te pasa? —preguntó Cecilia—. ¿De qué estáis hablando?

—Tu madre, que es una lista y cree que me pasa algo —contestó Alicia.

—¿Y te pasa algo? —insistió Cecilia.

—No. Simplemente, que he decidido retirarme del equipo de atletismo.

—¿Por qué? —saltó Cecilia escandalizada, mientras su madre observaba en silencio.

—Porque me aburro. No me apetece estar dos horas todos los días haciendo el ganso para no ganar ni una medalla de bronce.

—Pero si no te aburres entrenando, si me lo has dicho muchas veces —se resistió Cecilia.

Alicia se encogió de hombros y desvió la mirada. Cecilia-madre empezó a quitarse la bata de trabajo, que aún llevaba puesta, y dijo:

—Bueno, siento que lo hayas dejado, Alicia.

Merienda algo. Yo voy a limpiar la salita, que dentro de un rato viene otra señora.

El silencio envolvió a las dos amigas, hasta que Cecilia tiró de Alicia y la llevó a su cuarto.

—A, cuéntame qué ha pasado —susurró cuando se sentaron.

Tras un breve silencio y con su concisión habitual, Alicia le contó lo sucedido.

—Si se creen que pueden conmigo están equivocados —dijo para terminar—. No me da la gana de estudiar porque ellos me lo manden.

Cecilia se quedó un rato callada, aunque poco a poco empezó a sonreír y, de repente, se levantó y empezó un frenético baile al ritmo de un imaginario rap al que ella ponía la letra:

Somos iguales,
iguales de brutas.
Vemos las cosas
con nuestro culo.
Escupimos al cielo
que se ríe de nosotras.
No quiero, no quiero
que el mundo sea así.

—¡Venga, colega, hermana siamesa! —le gritó a Alicia—. ¡Ven a bailar conmigo!

—Estás loca, tía. Deja de hacer el oso.

Cecilia se dejó caer encima de la cama, mirando a su amiga con gesto risueño.

—Bienvenida al club de los tontos. ¿No te has metido tanto conmigo porque soy tonta y sólo veo visiones? ¡Pues anda que tú...!

—Yo no veo visiones —respondió Alicia ofendida.

—Puede que no —dijo Cecilia—. Pero eres igual de tonta. Te gusta correr, te gusta formar parte del equipo, te mueres de ganas de verte en el estadio y eres capaz de mandarlo todo a la mierda por no hacer una cosa que te dicen tus padres. ¡Y una cosa muy normal, además! Así que puedes hacer lo que quieras, pero como te retires del equipo a mí no me des más la vara con lo que yo tengo que hacer o dejar de hacer.

—Ceci, tú no conoces a mis padres.

—No, aunque ya me he enterado de que crees que no te quieren. Pero hay que ser idiota para fastidiarte tanto a ti misma por no hacer algo sólo porque te lo han mandado.

—Ya, a ti eso te parece muy fácil porque tienes esa madre. Pero me gustaría saber cómo te sentirías si te hubiera tocado la mía, que sólo se preocupa por su trabajo y sus ascensos; o mi padre, que piensa que el que no llega a millonario es porque no tiene huevos. Y en medio de ellos yo sólo he sido un estorbo, al que no saben con quién colocar después de las actividades extraescolares. ¿Les molesto? Pues que se jodan y se preocupen. Y adiós, me voy y no te insistiré más ni te diré que comas. Adiós.

Y sin más, se levantó y se precipitó hacia la puerta de la calle, seguida por una Cecilia haciendo infructuosos esfuerzos por retenerla.

—¿Qué pasa? —preguntó Raúl, que junto a su madre había salido al pasillo al oír las voces.

—Se ha enfadado y se ha ido —contestó Cecilia.

—Déjala —sugirió su madre—. No puede estar en paz con los demás mientras no se sienta en paz consigo misma.

ALICIA

Al llegar a su habitación, Alicia no pudo más. Soltó la mochila y el abrigo y se tiró en la cama sollozando. Era un llanto fuerte, que le convulsionaba todo el cuerpo y la hacía atragantarse. La ruptura con Cecilia y su familia era más de lo que podía aguantar, aunque en aquel momento aún no tenía capacidad para planteárselo. Sólo lloraba y gritaba, dando salida a toda la tensión, agresividad y soledad que había acumulado durante años.

Después de dos horas se quedó dormida. Y así la encontró su madre al volver a casa. Alarmada por el silencio y la oscuridad, Ángela fue al cuarto de su hija y encendió la luz, que despertó a Alicia. Ésta entreabrió los ojos, pero permaneció echada

boca abajo en la cama revuelta, sin moverse y haciendo caso omiso de su madre.

—¡Alicia! ¿Qué te pasa? ¿Estás mala?

Alicia no contestó. Su madre se sentó en el borde de la cama y vio el rostro hinchado y las huellas de lágrimas recientes.

—¿Has llorado? Dime qué te ha pasado. ¿Te han hecho algo? ¿Estás enfadada?

Pero las preguntas de Ángela fueron en vano. Alicia siguió callada, mirando fijo la pared, sin pensar en nada. Al cabo de un rato, como su madre insistiera y le acariciase la cabeza, Alicia se movió hacia el otro lado de la cama.

—Déjame —le dijo.

Ángela buscó una manta, se la echó por encima y salió de la habitación. Sumida en sus pensamientos, se cambió de ropa y estuvo trajinando en la cocina mientras preparaba la cena.

—Alicia —insistió un rato después—, hay coliflor con bechamel. ¿Vienes? ¿Quieres que te prepare unas croquetas? Venga, que tienes que comer algo.

—No quiero cenar, déjame en paz —barbotó Alicia.

—Está bien, hija, como quieras —respondió su madre, enfadada.

Cuando Hermógenes llegó, su mujer le contó lo sucedido.

—Voy a ver —dijo el padre.

Hermógenes se acercó al cuarto de Alicia, que se había puesto el pijama y se había metido en la cama. Entornó la puerta tras él y preguntó:

—Alicia, ¿estás dormida?

Como no obtuvo respuesta, se acercó sigiloso a la cama. «¿Estás dormida?», volvió a preguntar bajito, retirándose después silenciosamente.

—Ya se le pasará —dijo a su mujer—. ¿Cenamos?

Alicia sintió que se sentaban a comer y aflojó los músculos. Se encontraba un poco ausente, sin pensar en lo que le sucedía, simplemente descansando. Sabía que al día siguiente sería distinto, pero en aquel momento no sentía alegría ni pena, no pensaba en nada. Y concentrándose en el calorcillo de la cama, y encogiendo y estirando las piernas para notarlas, se relajó y terminó durmiéndose.

Al día siguiente se despertó un poco más tarde de lo habitual, pues la víspera había olvidado poner el despertador y sus padres habían procurado no hacer ruido para no despertarla. En la cocina le esperaba el desayuno, que devoró en silencio, contestando simplemente a las preguntas de sus padres con un «Estoy bien» que les dejó bastante insatisfechos.

Cuando iba a salir su madre la llamó.

—Alicia, ¡que te dejas la autorización!

—No me hace falta, adiós —contestó la muchacha cerrando la puerta tras de sí.

—¿Será eso lo que le pasa? —preguntó Ángela a su marido.

—Pues si es eso, que se aguante. El que algo quiere, algo le cuesta —concluyó él.

Alicia pasó la mañana indiferente a lo que la rodeaba. Después de comer, buscó a Lorenzo y le preguntó si podía hablar un momento con él.

—Sí, claro, dime.

—No quiero seguir en el equipo.

—Ya —dijo el profesor pausadamente—. Te lo has pensado bien y has decidido no participar.

—Sí.

—Y para tomar tu decisión, aparte de tus motivos personales, has tomado en consideración todos los demás factores, supongo.

Alicia dudó. No sabía muy bien de qué le hablaba. Al ver el desconcierto de la joven, éste continuó.

—Me refiero al tiempo que te he dedicado, a los esfuerzos que he hecho para mejorar tus capacidades, a la desilusión de tus compañeras de equipo, que van a ver menguadas sus posibilidades de éxito, a la decepción de todo el colegio...

—¡No sé por qué se va a decepcionar todo el colegio porque yo no esté! —contestó Alicia agriamente—. El equipo no soy yo sola.

—Desde luego que no. Pero les vas a quitar la posibilidad de aullar como posesos ¡ÍCIA, ÍCIA, ÍCIA! Porque así es como oirás tu nombre en el campo mientras estés corriendo o saltando.

Alicia se había quedado callada. El profesor la miraba tranquilo, hasta que finalmente añadió:

—Alicia, es una pena. ¿No querrías pensártelo un poco más? Hazlo como un favor personal, ¿quieres? Piénsalo y volvemos a hablar. ¿De acuerdo?

—De acuerdo —murmuró Alicia sin mirarle—. Gracias.

Estaba descolocada. Sabía reaccionar a la agresión, o a lo que ella percibía como agresión, pero no tenía armas contra la cortesía y el trato respetuoso. Ya no sabía qué hacer. Iba a decepcionar a Lorenzo y se había enfadado con Cecilia. Y, bueno, ¿sería verdad que ella tenía la posibilidad de tener a todo el colegio vitoreándola o, incluso, si llegase a ganar, a todos contentos gracias a ella, porque el Colegio Norte había ganado la medalla de...?

Sacudió bruscamente la cabeza. ¡Qué tontería! Estaba soñando despierta. No habría medallas; como mucho un certificado de participación. Claro que si no lo intentaba...

Al terminar las clases se dirigió a una cabina de teléfono que había en el vestíbulo del colegio y llamó a Cecilia.

—¿Vas a estar en casa? —le preguntó tontamente—. ¿Puedo ir a verte?

Colgó animada por la alegría que Cecilia había manifestado, aunque un poco avergonzada. ¡Después del portazo que había dado la víspera...!

—¡Estoy tan contenta de que hayas venido que hasta soy capaz de tomarme otro yogur en tu honor! —le dijo su amiga abrazándola—. ¡Venga! ¡Vamos a merendar!

—¿Por qué te enfadaste ayer? —le preguntó el hermano de Cecilia apareciendo en la cocina.

—¡Porque tenía ganas, macaco! —le soltó Cecilia—. ¡Como si tú no te enfadaras nunca! ¡Esfúmate!

—He hablado con el profesor de gimnasia para decirle que me retiraba y ha hecho que me sintiera avergonzada —le contó Alicia a Cecilia cuando el niño desapareció—. Ahora no sé qué hacer.

—Alicia, perdona que ayer fuera tan bruta, pero es que a mí me parece claro lo que tienes que hacer.

—Sí, pero es que aun suponiendo que me decidiese, no te creas que es tan fácil. Queda un mes para la próxima evaluación y no tengo ni idea de nada.

—¡Más de un mes! —protestó Cecilia—. Y como no eres tonta, te pones a estudiar y lo sacas.

—¡Uff, estudiar! —gruñó Alicia.

—No es tan malo, tía. Mira, te vienes aquí a la salida del cole y en lugar de pasarnos la tarde rajando, te ayudo a ponerte al día y luego hacemos un intensivo de cascar.

—No sé, ¿qué va a decir tu madre?

—¡Nada! ¡Estará encantada! ¿No ves que nunca ha ido a un estadio? Se muere de ganas de ir a verte y ya me la imagino gritándote como una loca. Y espero que nadie te dé un empujón, o haga algo así, porque es capaz de ir a buscarle y sacarle la piel a tiras.

—Y además Lengua y Sociales —continuó Alicia racaneando—. Seguro que tengo que leer ocho libros y estudiar cosas sobre tíos que están muertos, enterrados y devorados por las lombrices.

—¡Huy, sí! —se emocionó Cecilia—. Los egipcios, los de Mesopotamia... A ver, ¿qué estáis dando ahora?

Las dos muchachas fueron al cuarto de Cecilia, donde ésta abrió sin pudor la mochila de su amiga y empezó a sacar libros y cuadernos y a rememorar el contenido de las asignaturas del curso de Alicia.

Cuando terminaron el repaso, ayudadas por los libros y por lo que Alicia recordaba que se había hablado o se estaba hablando en clase, ésta los cerró con determinación.

—C, me estás liando o me estoy liando yo sola o no sé quién me está liando. Pero por hoy hay bastante. Si me pongo a estudiar será a partir de mañana. Así que ahora me pones al día de lo que ha sucedido desde anteayer. ¡Empieza! ¿Te has portado bien? ¿Has tenido visitas? ¿Te ha hecho daño el practicante?

LOS MÚSCULOS SE QUEJAN

Alicia no había vuelto a hablar con Lorenzo. El primer lunes de los entrenamientos había llevado la autorización paterna a su tutora y, sin añadir más, a las cuatro salió de la clase para reunirse con los demás deportistas. Al entrar el profesor en el gimnasio y pasar a su lado, éste se había limitado a preguntarle:

—¿Estás bien?

Alicia asintió con la cabeza.

—Me alegro —contestó él—. ¡A trabajar, muchachos! Vamos a empezar con unos estiramientos suaves.

Alicia se había concentrado. Sólo sentía sus músculos, estirándose y quejándose. Agradecida por no tener que dar explicaciones, había decidido olvidarse de lo que le esperaba después y vació su mente concentrándose en los movimientos de su cuerpo. La imagen de sus padres había ido difuminándose poco a poco desde el momento en que tomó la decisión de someterse. Deseaba participar por pura satisfacción personal. Se sentía feliz de haberse reconciliado con Cecilia; pero además, y aunque no quería reconocerlo, casi sentía ilusión ante la perspectiva de trabajar con C, de compartir algo con ella. Sabía que Cecilia podía ayudarla, especialmente en las asignaturas de rollo, como Sociales y Lengua. Las mates no tenían problema, sólo había que pararse a pensar un momento. Y lo de Ciencias de la naturaleza no eran más que cuentecitos: que si los vertebrados son así o los anfibios tienen la sangre fría.

Aquella tarde de dos semanas atrás se había iniciado una nueva rutina en la vida de las dos amigas. La tensión entre ellas había desaparecido y después de que Alicia merendase con el hambre de lobo que le producía el entrenamiento, iban a la habitación de Cecilia y empezaba la sesión de trabajo casi siempre con la misma discusión.

—Hoy empezamos con las mates —decía Alicia.

—Ni hablar. Las mates después. ¿Has terminado de leer *El capitán Tormenta*? ¿No? Pero tía, ¡no sé cómo aguantas sin saber lo que les pasa! ¡Me encanta la duquesa de Éboli! ¿No te gustaría haber sido ella, una espadachina formidable a cuyos pies cae rendido de amor el turco más guapo del mundo, morenísimo, de grandes bigotes negros y ojos llenos de fuego? ¿O tener a El Kader, un árabe igualmente guapo, perdidamente enamorado de ti, pero en silencio (porque es guapo pero no tanto como el hijo del bajá), pendiente de tus menores deseos? ¡Ah! ¡Ésa sí que fue una época interesante para vivir, y no esta que nos ha tocado, en que lo único emocionante que tenemos a mano es... es...!

—¿Mangar un paquete de sales? —sugirió Alicia burlona al ver que no encontraba ejemplos que poner.

Sin contestar, Cecilia, que había dejado en suspenso su representación, se precipitó sobre ella y se enzarzaron en una furiosa pelea entre risas y gritos de dolor.

—De acuerdo, tía, peor para ti. Si no me dejas

soñar con tíos buenos, a trabajar. Venga, un párrafo tú y otro yo, como siempre —zanjó Cecilia.

La madre de ésta, que seguía en silencio desde el pasillo lo que sucedía en la habitación, estaba maravillada de la habilidad que mostraba su hija en su nuevo empleo como tutora de Alicia. Mezclaba órdenes con ruegos, ejemplificaba los conceptos difíciles y, cuando notaba que Alicia empezaba a aburrirse, representaba —literalmente— el tema de que estuvieran hablando. Así habían desfilado legiones romanas (es decir, Raúl con su espada) por el pasillo mientras el emperador (es decir, Cecilia cubierta con una gran toalla de baño y tocada con unas ramas de perejil a modo de corona de laurel) levantaba o bajaba el pulgar dando o negando gracia al gladiador derrotado. Pero también había ido convirtiendo a algunas de sus marionetas en morfemas o sintagmas, según las necesidades del guión. Su vitalidad era arrolladora.

A veces, sin embargo, Cecilia tenía otras visitas, compañeras y compañeros del cole, de las que la más repetida era la de Marcos, que la mantenía al día de lo que iban haciendo en el colegio. Marcos sólo sabía que Cecilia tenía anemia y si bien al

principio le preguntaba por su salud, pronto dejó de hacerlo, pues consideraba que la de su compañera era una enfermedad-chollo. Con ocasión de esas visitas, Alicia se quedaba en el cuarto de Cecilia, mientras ésta y Marcos charlaban en el comedor.

La punzada de celos que Alicia sintió el primer día ante este abandono se borró, no obstante, en cuanto descubrió que era envidiada por Marcos por visitar a Cecilia a diario.

—¡Qué suerte, tía! —le había dicho el muchacho sin rodeos—. Yo sólo puedo venir de vez en cuando. Seguro que os pasáis el tiempo cotilleando y criticando a todos. Aunque, bueno —continuó reflexivo—, como tú no conoces a los de nuestra clase...

—Pero te conozco a ti y mañana te sacaremos el pellejo a tiras —saltó rápida Alicia—. Que para qué quieres venir todos los días, que por qué hablas tanto, que si te das crecepelo para conseguir esos cuatro pelos que llamas barba...

—¡Vale, vale! ¡Clemencia! ¡Me rindo! —había gemido Marcos desde el suelo en actitud implorante—. Soy un gusano que espera de vuestra compasión que le permitáis seguir viviendo un poco más.

Alicia volvía contenta a su casa alrededor de las ocho, para estar allí cuando llegara su madre. Durante muchos años, Ángela había telefoneado a su casa a media tarde para hablar con ella. Pero con el paso del tiempo y el creciente mutismo de la chica, aquella costumbre había desaparecido. Desde que habían empezado los entrenamientos y las sesiones de estudio, Alicia terminaba el día más relajada pero mucho más cansada, de forma que en cuanto acababa de cenar y se metía en la cama, se quedaba profundamente dormida.

Su madre había captado el cambio, aunque la joven no hablase más que meses atrás. La actitud de Alicia con ella había dejado de ser agresiva y mal educada para instalarse en una convivencia pacífica aunque muy distante. Ángela había intentado saber algo más respecto a los Juegos y el papel de su hija en ellos, pero ésta se había negado a entrar en detalles.

—¿Estás estudiando más? —le preguntó un día.

—Yo siempre estudio —contestó Alicia, ceñuda.

—¿Te ha vuelto a llamar el psicólogo? —le preguntó en otra ocasión.

—¿Para qué? —había respondido ásperamente—. No estoy loca.

Sin embargo, aquella pregunta la había desazonado profundamente. Cecilia le había hablado del plazo que su padre le había concedido para «quitarse tonterías de la cabeza». Alicia temía que C no lo consiguiera; más bien estaba segura de que no se lo tomaba en serio, que ni siquiera se lo planteaba. Cecilia seguía moviéndose entre dos extremos: o bien evitaba mirarse en el espejo o bien se ponía enfrente del mismo agresivamente, estudiando su imagen con rabia.

«¿Qué ve Cecilia en el espejo?», se preguntaba su amiga una y otra vez. La respuesta de las piernas gordas y la cara fea no le bastaba. ¿Por qué Marcos, que era tan feo, no vivía acobardado en un rincón? ¿Por qué no le importaba a ella misma llevar camino de ser una jirafa? «¿Por qué sufre así una tía normal, una tía guapa, como C?», se repetía una y otra vez. Alicia tenía la sensación de que, cuando descubriera qué era lo que el espejo comunicaba a su amiga, sabría cómo romper el maleficio. Pero aquel momento no había llegado y la pregunta de su madre la había disgustado. Después del intento de robo de Cecilia, había pasado una temporada esperando que su padre hiciera mención de lo sucedido. Pero éste tenía un trato distante con sus empleados y Alicia supuso que la cajera había decidido ahorrarse las palabras. Sin embargo, si un día conociera a Cecilia y supiera cuáles eran sus preocupaciones, su reacción no iba a ser ni amable ni comprensiva, pensó Alicia.

«¿Que no quiere comer? —vociferaría Hermógenes—. ¡Señoritas de mierda hemos echado al mundo! ¡En la basura teníais que veros, babeando por un trozo de pan y una onza de chocolate! ¡Señoritas de mierda, criadas entre miramientos y que con catorce años no se han ganado ni el derecho a respirar!»

O algo parecido. De manera que Alicia procuraba llegar pronto a casa, presa de un cierto temor a que de alguna manera el hombre supiera de dónde venía y quién era Cecilia, y tratara de impedir la continuación de su amistad. O, simplemente, que la insultase. Que insultase a C, que se refiriera despreciativamente a ella. Nunca había querido a nadie como quería a su amiga. Y a su madre. Su madre, pensó mientras su cara adquiría expresión pillina. Un día le pediría que le pintase las uñas de verde y morado. ¡Je! ¡Seguro que se escandalizaba y le decía que aquello era feísimo! A Alicia tampoco le gustaba mucho, pero le encantaba llevarle la contraria a Cecilia-madre.

Y sonriendo ante la futura escena, Alicia se durmió.

UN CERDITO RAPERO

Mientras tanto, Cecilia daba vueltas, inquieta, en la cama. Se estaba desternillando de risa. Había ido con sus amigos del cole y con Alicia a un concierto de rock al Palacio de Deportes. Los roqueros aún no habían aparecido, pero los teloneros, dos chicos y una chica de cabellos largos, negros y ensortijados, y extravagantes vestimentas, estaban resultando divertidísimos. Habían empezado con un rap muy rápido del que no se entendían las palabras y que acompasaban con movimientos de rodillas y caderas. Pero progresivamente el ritmo se había ido suavizando, las frases de los cantantes sonaban más largas y cadenciosas y, lo que más había divertido a la concurrencia, la cantante había empezado a hincharse. Se le había hinchado primero el cuello, las piernas y los muslos después, y se le había puesto rosa la piel, que contrastaba así fuertemente con el negro de su minifalda y sus botines.

Cecilia reía sin parar. Era uno de los tres cerditos el que había ocupado el lugar de la chica en el escenario y resultaba realmente cómico moviéndose a la par que sus endiablados compañeros. Pero el cerdito también trataba de poner cara feroz, lanzando hacia el público sus... pezuñas.

De repente, un alarido sonó en el Palacio de Deportes, alarido que, engullido por el sonido de los músicos y los aullidos de un público feliz, sólo fue oído por la propia Cecilia, que se despertó sudando y gritando: el cerdito era ella, redondita, rosada. Y sus amigos, alegremente mezclados con el resto de los jóvenes, se reían sin tapujos del nuevo aspecto de Cecilia.

La muchacha tardó un rato en serenarse. El sueño no le extrañó. Las pesadillas la martirizaban con frecuencia, aunque los temas variaban. Había veces en que sus compañeros echaban a pies la formación de los equipos y, como eran número impar, ella quedaba excluida, teniendo que esperar sola en una esquina a que acabasen. En otras ocasiones un toro los perseguía y, mientras los demás trepaban ágilmente por el muro que les impedía la huida y celebraban después ruidosamente el haber escapado del peligro, Cecilia se quedaba abajo, angustiada, esperando que el astado se le echase encima.

Aquella noche, en mitad del silencio, Cecilia se levantó y abrió su armario. La parte central estaba ocupada por la ropa, pero el altillo y los cajones de abajo guardaban innumerables juguetes que la joven había ido arrinconando pero que se negaba a tirar ni a dejar que le tirasen. Miró con cariño sus muñecas y animales de peluche, que tantas historias habían protagonizado sin protestar ni cansarse. Repasó con la vista la colección de casas, parques y mercados en miniatura en los que había representado cientos de encuentros, copiados de la vida real o imaginados cuando las situaciones reales no la complacían suficientemente. Puzzles; cuentas de colores para hacer collares o brazaletes; juegos de química, juegos para hacer helados y bombones; el pequeño telar; colecciones de calco-

manías, de cromos, muchas cajas que ni siquiera recordaba qué contenían.

Cecilia estaba confusa. No sabía qué le pasaba. Podía recordar cuando había empezado a cansarse de jugar con las muñecas, pero entonces le había apasionado hacer mapas en relieve o secar flores para regalar cuadritos a su familia y a sus amigas. Sin embargo, ahora todo aquello la aburría y no había surgido nada para tomar el relevo. Lo que más le apetecía era salir con sus amigas, pero eso tampoco era lo ideal: las horas transcurrían entre piques de unas con otras y críticas y burlas a las —o los— que no estaban presentes.

De repente, la muchacha oyó a Raúl, que hablaba en sueños. Se levantó, tentada de ir al cuarto de su hermano y tumbarse a su lado, en la cama. Pero antes de haber dado el primer paso ya había desechado la idea. «¡Seré boba! —pensó volviendo al calorcillo de su cama abandonada—. ¡A dormir, que mañana tengo que estudiar! Es una pena que Alicia vaya por detrás de mí en los estudios, porque los problemas de trenes que se persiguen y de piscinas que se intenta llenar sin cerrar primero el tapón seguro que se le darían bien!»

Alicia. Nunca había tenido una amiga como ella. Cecilia admiraba su inteligencia, su seguridad y su fuerza. También era muy seca y poco simpática con la gente, pero eso a ella no le importaba. ¿Sería verdad que sus padres no la querían? Un día había preguntado a su madre su opinión sobre ese tema, mas la mujer se había negado a comprometerse.

—No sé, Ceci, ¡qué preguntas haces! ¿Cómo voy a opinar sin conocerlos? —había contestado quejosa.

—Pero ¿tú qué crees? —había porfiado la chica—. ¿Te pega que no la quieran?

—Ceci, Alicia no quiere hablar de su familia. Apenas sabemos cuatro cosas de ellos. Puede que sí la quieran y que esté confundida. A todos nos gusta sentirnos lo más importante en la vida de los demás y a Alicia quizá le parezca que sus padres no se ocupan de ella tanto como querría. Pero, a lo peor, cuando Alicia nació sus padres no tenían tiempo para un niño y le cogieron manía por inoportuna, o... ¡o yo qué sé!

—¿Y cuando nací yo? —preguntó Cecilia.

—Cuando naciste tú ¿qué?

—Que si fui inoportuna.

—Mira, Ceci, esto nunca te lo había querido decir —susurró la madre poniéndose muy seria—, pero creo que ahora que tienes catorce años es ya momento de que lo sepas: cuando tú naciste, yo sufrí una gran depresión por la marca que tenías en la cara.

—¿Qué marca? —preguntó Cecilia, asustada.

—¡La de cotilla y preguntona! «¡Dios mío!», me dije. «¡La que se te viene encima, Cecilia! ¡Esta niña te va a dar ciento y raya como curiosa y metomentodo!»

Las últimas palabras las había pronunciado entre risas y defendiéndose de su hija, que se le había echado encima e intentaba tumbarla en el sofá.

Después de un rato de empujarse y tratar de hacerse cosquillas la una a la otra, Cecilia-hija volvió a ponerse seria.

—Pero mami, dime, ¿y Alicia?

—Pues no sé, Ceci, de verdad. Mira, estoy segura de que ahora es un poco más feliz que antes de conocerte. Así que no te comas el coco con preguntas difíciles de contestar y dedícate a pasarlo bien con ella, que eso a las dos os sienta muy bien.

Cecilia recordaba ahora aquella conversación, pero lo hacía con cierto enfado hacia su madre. ¡Cómo no iba a preocuparse por si a Alicia le querían sus padres o no! Aunque, claro, tampoco podía llamarlos un día por teléfono y preguntárselo: «Oiga, ¿es usted la madre de Alicia? Perdone que la moleste, pero ¿quiere usted a su hija?». Aunque si les conociera quizá podría hacerse una idea.

Lentamente, rumiando planes para llegar a conocer a los dueños de su tienda preferida e ideando argumentos rocambolescos para una historia con final feliz entre Alicia y ellos, Cecilia se durmió.

COLEGIO SANTA CECILIA

Era la primera semana de mayo y en el Colegio Norte no se hablaba más que de los Juegos, que se habían convertido en catalizador de actividades muy diversas. Los más aficionados al deporte se habían dedicado a recopilar información sobre las pruebas de natación, baloncesto y atletismo y a confeccionar con ella grandes murales que recubrían las paredes de los pasillos. Otros, aficionados a la fotografía, habían retratado a sus compañeros deportistas durante los entrenamientos, y habían llevado después las mejores de aquellas fotos a imprimir sobre camisetas, que ya empezaban a lucir muchos de los colegiales.

En la clase de Alicia, una activa Vanessa, a

quien todos llamaban Vasa, había estado tratando de convencer a sus compañeros de formar equipos de *cheer leaders*, pero los chicos habían boicoteado la idea y las chicas no se habían mostrado entusiasmadas. Así que, finalmente, lo que aprobaron fue constituirse en cabecillas de la hinchada del colegio: ellos dirigirían los gritos de la afición, pero no de cualquier manera; había que inventar consignas —letra y música—, movimientos de toda la masa de simpatizantes, ¡COLORES! La idea de los colores les dio mucho quehacer, dedicando horas y horas a elaborar látigos de tiras de plástico amarillas, paipáis rojos por un lado y violeta por otro, globos que hincharon para pintarles el nombre del colegio y volvieron a deshinchar con cuidado de que no explosionaran, grandes manoplas violeta que ocultaban pelotitas con pito, pelotitas que pitaban al ser apretadas...

Y los que no habían encontrado hueco en otro sitio, se disponían a madrugar más que nadie el día de las pruebas para aprenderse los caminos del estadio, el horario de las competiciones y poder guiar a los visitantes hasta sus asientos.

En ese ambiente, Alicia sonreía, callaba y se

concentraba en seguir lo mejor posible las indicaciones de Lorenzo. La muchacha tenía potencia y una zancada larga pero, sobre todo, una inmensa capacidad para aislarse de lo que la rodeaba y luchar como si en ello le fuera la vida. Sus dotes naturales habían llamado la atención de Lorenzo las primeras veces que la había visto correr. Pero cuando fue acercándose a ella y empezó a intuir la dureza de su carácter y la inestabilidad afectiva en que se movía, hizo una valoración simple: o se niega a participar o será una campeona.

Por eso no la había presionado. Alicia había entrado en el equipo de la única forma posible en su caso, pensaba el profesor: por voluntad propia, siendo ella misma la vencedora de sus demonios, fueran éstos cuales fuesen. Y aún en aquellas fechas, a menos de un mes de los Juegos, su aislamiento respecto a los demás le había impedido darse cuenta de que era la estrella del equipo. De las siete pruebas de atletismo que se iban a disputar —100, 200, 400 y 1.500 metros; relevos, salto de longitud y de altura—, cuatro descansaban totalmente sobre ella (las carreras de 100, 200, 400 y 1.500 metros lisos) y en la quinta (4 por 100 metros) era, junto con la saltadora de longitud, el pilar básico. Cuando Lorenzo le comunicó que no saltaría longitud se sintió apenada, pero para entonces la autoridad del entrenador ante ella estaba ya asentada y lo aceptó sin discutir.

Aquel martes 3 de mayo salió del colegio más de prisa que de costumbre, encaminándose hacia la casa de Cecilia. Por el camino se detuvo dudosa ante un puesto de flores, pero finalmente pasó de largo, y se dirigió a una de las muchas tiendas de baratijas chinas que jalonaban el barrio, donde compró una caja pequeña, que contenía otras seis más pequeñas aún, cada una más diminuta que la anterior. Al entrar en el portal de la casa de Cecilia se sentó un momento en uno de los escalones y abriendo una tras otra todas las cajas, llegó finalmente a la más pequeña, que destapó, escribiendo en el fondo de la misma con minúsculos caracteres «Gracias». Cuando acabó, la volvió a tapar y las guardó todas antes de subir al piso de sus amigos.

—Vengo sólo un minuto a comunicaros que me cambio de colegio —anunció en cuanto le abrieron la puerta.

—¿A cuál?

—¿Por qué?

—¿El año que viene?

Las dos Cecilias habían desgranado un rosario de preguntas sobre ella, que reía guardando su secreto. Finalmente, les respondió:

—Señoras y señores, les comunico que de ahora en adelante en lugar de ir a un colegio por la mañana y otro por la tarde, acudiré solamente al de tarde: «Colegio Santa Cecilia. Especializado en niños hartos de profesores plastas» —recitó solemnemente sacando un sobre de la mochila—. Cecilia, lo has aprobado todo. Enhorabuena.

Cecilia y su madre abrazaron alegres a Alicia, que, efectivamente, había aprobado toda la evaluación y les había entregado el boletín de notas.

—¡Tus padres se pondrán contentos! —se le escapó a Cecilia. Cuando se dio cuenta de que el comentario podía haber disgustado a Alicia, miró de reojo a su amiga, pero aquélla no parecía dispuesta a empañar su alegría, por lo que hizo como que no lo había oído.

—¡Hoy nos tomamos la tarde libre! —dijo en cambio mientras se dirigían al dormitorio de Ceci-

lia—. Tengo que contarte la estrategia que ha diseñado Lorenzo para la prueba de relevos y luego me iré a casa. Ya sabes que somos cuatro y que cada una corre cien metros. Yo hubiera querido ser la última, porque parece que es la posición más emocionante. Pero no va a ser así. Voy a ser la primera. Haré la curva y le daré el testigo a Sara. Sara se lo pasará a Toni, que hará la segunda curva, y, por último, se lo entregará a Patricia, ya sabes, la que va a saltar longitud, que terminará la carrera. Lorenzo dice que una de las curvas la tengo que hacer yo, que a mí me da lo mismo correr en recto que en curva y que en cambio las demás se desenvuelven mejor en las rectas.

—Bueno, él debe de saberlo. ¿Y qué pasa si se os cae el testigo? —preguntó.

—Pues que ya podemos empezar a cantar «Adiós con el corazón...», porque entre que lo recoges y se lo entregas a la siguiente, las de otro equipo han llegado ya a la meta.

—A, ¿te imaginas lo que debe de ser estar en el centro de la pista y oír a todo el estadio gritando Ce-ci-lia, Ce-ci-lia? —soñó ésta.

—No, ya te lo contaré si llegamos, pero a mí me da que estás tan nerviosa que no te enteras de nada. Aparte de que ya sabes que esas cosas se ven y se oyen mejor en la televisión que en el propio campo.

—Oye A, ¿y qué tal está Lorenzo? ¿Está casado? ¿Tiene novia? ¿Cuántos años tiene? Nunca me has contado nada de él.

—¡Anda, plasta, olvídame! ¿Te ha llamado Marcos?

—Sí, anoche. ¿Verdad que es feo?

—Sí... Es que esa nariz tan rara que tiene... Y las gafas tampoco son muy bonitas.

—Nada de eso, tía —respondió Cecilia—. No son las gafas, sino él.

—Pero es simpático, C. A mí me gusta que venga.

—Ya, pero ¡qué rollo de tío! ¡Siempre hablando!

—¡Cómo que siempre hablando! ¡Que eso lo digas tú, que no callas! Seguro que lo que te fastidia es que no te deje hablar más a ti. Bueno, y como yo tampoco quiero dejarte hablar más hoy, me piro —dijo acercándose disimuladamente a la cama de Cecilia e introduciendo las cajitas debajo de la almohada—. Tengo que concentrarme y serenar mi espíritu —añadió solemne ante las cuchufletas de su amiga.

Por la noche, después de cenar, Alicia fue a su cuarto y cogió las notas, que había recuperado antes de salir de casa de Cecilia. Volvió a la cocina, donde su madre estaba recogiendo la cena de las dos y preparaba algo para Hermógenes y, depositando el boletín encima de la mesa, dijo:

—Las notas. —Y volvió a salir de la cocina para ponerse el pijama.

Después de unos minutos, su madre apareció en el cuarto, sonriente.

—¡Bravo, Alicia! ¡Qué gusto ver estas notas! ¿Ves como cuando quieres puedes hacerlo?

—Eso ya lo sé —barbotó la chica.

—¿Que ya lo sabes? ¿Y por qué no lo haces, si se puede saber? —le preguntó su madre en tono afable.

Alicia no estaba dispuesta a dejarse envolver y, encogiéndose de hombros, salió del cuarto para dirigirse al baño; pero su madre la siguió.

—Alicia, ¿qué te pasa? ¿Por qué estás tan antipática? ¿Por qué no quieres hablar conmigo?

—Porque estoy cansada y quiero irme a la cama, ¿vale?

—No, no vale. Yo también estoy cansada. Me he pasado el día trabajando y al llegar a casa he tenido que preparar la cena.

—Pues no la prepares. Yo puedo hacerme bocadillos.

—Pero ¡es que quiero hacerla! ¡Quiero que comas bien, que te alimentes bien! ¡Quiero que estés bien y verte feliz!

—Pues digo yo que para eso lo primero será

que me veas un ratito, ¿no? ¿O es que eres tan eficiente en casa como en tu trabajo y con echarme una ojeada de nueve a diez ya tienes suficiente?

—¡O sea que estamos otra vez en lo mismo! —se enfadó su madre—. Qué bien te vino la zarandaja del psicólogo llamándote niña-llavero, ¿verdad? ¡La nena no puede estar sola un rato! ¡La nena quiere estar con sus papaítos todo el día, para que le bailen el agua! Te gusta tener un ordenador, ¿no? Y el otro día no miraste mucho los precios a la hora de elegir tus nuevas zapatillas de deporte, ¿verdad? ¡Pues piensa un poco las cosas y sé consecuente! —le espetó dejándola sola.

ESTOY MUY TRISTE

El mes había transcurrido sin grandes cambios respecto a las rutinas anteriores. Alicia trabajaba duramente su preparación deportiva y, aunque seguía sin mostrar interés por el estudio, el par de horas que pasaba cada tarde en casa de Cecilia le resultaba suficiente para ir trampeando sin llamar especialmente la atención de sus profesores. Sin embargo, centrada como estaba en los Juegos no observaba cómo Cecilia se iba apagando, cómo iba disminuyendo su vitalidad e interés por lo que la rodeaba. Ante la proximidad del fin de curso y de las últimas evaluaciones, las visitas de sus compañeros habían disminuido y la novedad de tener todo el día para ella había ya desaparecido.

«¡Por fin acabó el domingo! —se dijo Alicia mientras su padre sacaba las llaves para abrir la puerta del piso—. Queda menos de una semana para los Juegos.»

—¡Está sonando el teléfono! —dijo Ángela.

Nada más entrar, Hermógenes descolgó el auricular.

—Alicia, es para ti.

Alicia se puso al aparato, extrañada.

—¿Quién es?

—Alicia, soy la madre de Cecilia.

—¿Qué pasa? ¿Le ocurre algo a Ceci? —preguntó nerviosa.

—Sí, está enferma, pero el médico no sabe qué tiene. Tiene fiebre y pasa las horas delirando. Oye, ¿no podrías venir un ratito, a ver si se anima? Luego te llevaríamos nosotros en coche.

—Espera —contestó Alicia—. Voy a preguntar.

Alicia se dirigió rápidamente al cuarto de sus padres.

—Mi amiga Cecilia está enferma, delirando, y su madre dice que si puedo ir un rato, que luego me trae ella o el padre.

—Pero ¡si son más de las ocho! —exclamó Hermógenes.

—Sólo un ratito, porfa —rogó Alicia.

Lanzándole una rápida mirada, Ángela cortó la réplica que iniciaba su marido.

—Venga. Yo te llevo. Media hora y vuelta. ¿De acuerdo?

—De acuerdo —dijo Alicia precipitándose al teléfono.

—En seguida voy, Cecilia. Hasta luego.

La madre de Alicia volvió a ponerse los zapatos que ya se había quitado, cogió las llaves del coche y salió de casa con Alicia, que le iba diciendo adónde tenían que ir.

—¿Qué hago? —le preguntó la mujer al llegar—. ¿Subo contigo o te espero en el coche?

—No sé —respondió Alicia incómoda.

—¿Te molesta que suba?

—No —contestó sin entusiasmo.

Cecilia-madre se sorprendió al abrir la puerta y encontrarse a la pareja, pero las hizo pasar con gesto afectuoso.

—Me tiene que perdonar que haya hecho salir a Alicia a esta hora —dijo dirigiéndose a Ángela—.

Pero la niña está tan rara que creí que a lo mejor se tranquilizaba un poco al verla. Pase.

Alicia ya estaba con Cecilia, que se encontraba con los ojos cerrados en su cuarto en penumbra.

—C, soy yo. ¿Qué te pasa? —le preguntó mientras Cecilia volvía la cabeza hacia ella y abría los ojos—. ¿Desde cuándo estás así?

—Desde el viernes por la noche. ¿Cómo es que has venido?

—Me ha llamado tu madre. Y me ha traído la mía, seguro que para saber quiénes sois y fisgar en vuestra casa —le dijo bajando la voz y acercando la cabeza a la de su amiga—. Pero bueno, ¿qué te pasa?

—He estado vomitando y me duele la cabeza. Pero lo peor es que tengo muchas ganas de llorar.

—¿Por qué?

—No lo sé —dijo mientras se le llenaban los ojos de lágrimas—. Me siento muy triste y me gustaría dormirme y no despertar nunca.

—Pero ¿por qué, C? ¿Por la cabeza?

—No sé, no sé por qué —contestó entre sollozos—. Déjame —dijo dándose la vuelta hacia la pared.

Alicia, sin vacilar, se levantó y se dirigió al salón, donde Ángela conversaba con los padres de Cecilia.

—¿Puedo quedarme a dormir esta noche si mi madre me deja? —preguntó dirigiéndose a los dueños de la casa.

—Por supuesto —contestaron al unísono—. Pero no sé si...

—Mamá, por favor, ¿dejas que me quede? Cecilia está muy triste y estoy segura de que le vendrá bien. ¡Por favor, déjame! —repitió en tono suplicante y mirándola de frente.

Ángela vacilaba. No le agradaba la idea de que su hija se quedase en casa de unos extraños, aunque por lo que la pareja le había dicho, allí la única extraña era ella. Se sintió excluida y tuvo la tentación de negarse. Pero los ojos de Alicia la hicieron contenerse: por una vez no había enfado ni recelo en su mirada, sólo expectación.

—Pero no has traído pijama, ni ropa para mañana —protestó débilmente.

—Para esta noche me pongo algo de C y mañana paso temprano por casa para cambiarme y coger lo del colegio.

—Bueno, vale. Ya veremos qué dice tu padre

—dijo levantándose—. ¿Puedo saludar a Cecilia?

Cuando Ángela se marchó, Alicia cogió la silla y se sentó a la cabecera de la cama. Cecilia había seguido callada, con los ojos cerrados, sin hacer caso de la muchedumbre que había invadido su habitación unos minutos antes. Alicia tampoco habló, y así estuvieron hasta que la entrada de la madre rompió el silencio.

—Alicia, ven, vamos a cenar. Luego ponemos aquí un colchón y hacemos una cama japonesa.

La cena fue rápida; el único locuaz era el pequeño, que disertaba sobre los gusanos de seda que tenía en una caja. Cuando acabaron, el padre llevó un colchón extra que normalmente estaba bajo la cama de Raúl y entre Alicia y él hicieron la cama. Cecilia-madre sacó un pijama para Alicia y, después de un rato de idas, venidas y buenas noches, la casa quedó en silencio.

UN CICLÓN

—C, ¿me dejas que me meta en tu cama?

—No.

—¿Por qué? Venga, no seas antipática.

—Te puedo pegar algo.

—¡Ah, bueno! —dijo Alicia—. Si es por eso...

Y tirando de la manta y la colcha que cubría su cama, se tumbó encima de la de Cecilia y se envolvió en ellas. «Venga, échate un poco para allá», le dijo a su amiga.

Así estuvieron un rato, en un silencio que Alicia intentó romper un par de veces sin éxito alguno. Finalmente, se incorporó con gesto decidido y empezó a hablar con voz seria.

—Cecilia, ¿te debo algo porque me ayudaras a aprobar la evaluación pasada?

—¿Qué? —preguntó su amiga, sorprendida y con los ojos de repente abiertos.

—Ya me has oído. Que si te debo algo.

—No, claro que no —contestó ella—. Eso es una tontería.

—No, no es ninguna tontería. Es que tú eres muy generosa. Pero como yo no lo soy tanto, creo que tú sí me debes algo a mí. Y quiero que me lo pagues.

Cecilia estaba ya completamente despejada y se había sentado también en la cama.

—A, ¿de qué estás hablando?

—Del paquete de sales. Yo te saqué del lío y quiero que me pagues el favor.

Cecilia se quedó callada.

—¿A qué viene eso ahora?

—Quiero que me cuentes qué te pasa, no que te quedes ahí callada tragándotelo todo —dijo Alicia suavizando levemente el tono—. Somos amigas, ¿no?

Cecilia siguió un rato en silencio. Cuando empezó a hablar, lo hizo dejándose caer de nuevo sobre la almohada.

—No sé qué decirte, Alicia. No sé qué me pasa,

ya te lo he dicho. Sólo que me gustaría dormir todo el rato y no pensar en nada.

—¿En qué no te gusta pensar? —le preguntó Alicia.

—¡Yo que sé! ¡En nada! ¡En todo!

Las dos se rieron.

—Estás como una cafetera, C. A ver si te aclaras. Venga, sigue.

—No sé, no sé qué me pasa. No me apetece hacer nada, ya no hay nada que me haga ilusión. Antes estaba con la gente y lo pasaba bien. Ahora, cuando estoy con la gente, me doy cuenta de que sobro. Los demás tienen cosas que decirse y, además, saben vestirse y moverse y... Yo, muchas veces, aunque esté con gente, me imagino fuera, me imagino que estoy viendo al grupo desde arriba y me doy cuenta de que no pinto nada. Que si de repente hubiera un ciclón y yo saliera volando por los aires, nadie me echaría en falta.

Alicia callaba, sin interrumpir las frases de Cecilia por entrecortadas que éstas fueran.

—¿Y...? —murmuró al cabo de un largo silencio.

—¡Y nada! —contestó Cecilia, enfadada—. Sólo

mis padres creen que soy la más guapa y la más lista y la más no sé qué, y lo creerían aunque fuera patizamba y cegata. Antes creía que era porque soy gorda y bajita. Ahora ya sé que no es sólo eso. Hay personas que son importantes para los demás y otras que no pintamos nada.

—Pero C, yo...

—Tú te aburres sola en tu casa y por eso estás agradecida. Pero en cuanto te metas en serio en el atletismo ya veremos.

—¿Qué veremos? —preguntó Alicia, tensa.

—Tú vas a ser de los importantes, Alicia. Eres una buena corredora, tienes a todo el colegio pendiente de lo que hagas, formas parte de un equipo... Si te pusieras enferma, todo el mundo andaría de cabeza. Me pongo mala yo y ¿qué pasa? Nada.

Alicia no sabía qué responder. Entendía cada vez mejor cómo se sentía su amiga y se daba cuenta de que algo fallaba en las cosas que decía, pero no sabía qué era ni cómo contradecirla.

—¿Y si corro mal? —preguntó.

—No creo.

—Pero ¿y si me sale mal? —insistió Alicia.

—Pues tampoco pasa nada. Tú has llegado a formar parte del equipo. Los demás no podemos ni siquiera intentarlo.

—¿No? Pues ¿sabes que te digo? —contestó Alicia con un temblor en la voz—. Que me parece que no eres imparcial, que tus cosas las mides de una manera y las de los demás de otra.

—Bueno, eso pasa siempre, ¿no? —replicó Cecilia sin alterarse.

Alicia se había quedado callada y Cecilia no hizo nada por hacerla hablar, aunque notaba que la frialdad se había instalado en la habitación. Pero no aguantó mucho rato.

—A.

—¿Qué?

—Vas a correr bien.

—No creo, porque mira cómo tengo los pies —dijo haciendo un brusco movimiento y poniéndolos encima de las manos de su amiga.

—¡Tía! ¡Están helados!

Las dos chicas se bajaron de la cama de Cecilia y se pusieron a rehacer la de Alicia, a la que añadieron la bata y la zamarra de aquélla. Cuando finalmente se metió cada una en su cama y en-

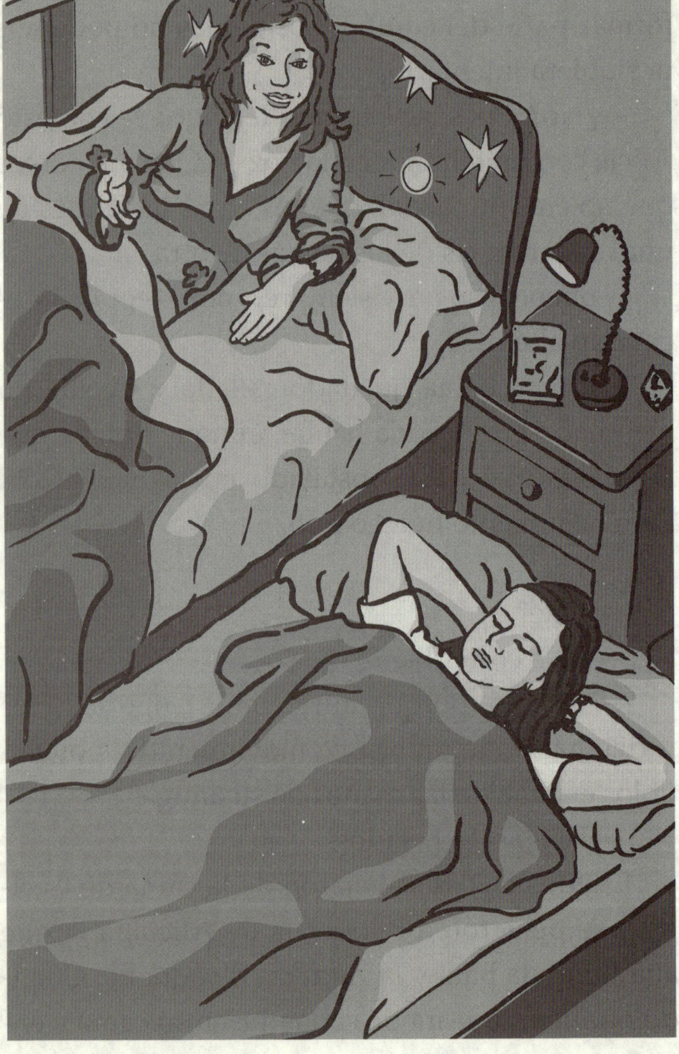

traron de nuevo en calor, Alicia continuó la conversación.

—A lo mejor es que ahora te aburres con tus compañeros; pero ya te queda poco para ir a la universidad y allí las cosas pueden ser distintas.

—No creo, yo siempre seré igual de sosa. A veces pienso que me gustaría irme a África de misionera o dedicarme a cuidar niños con sida, aunque no sé si me atreveré. Pero, oye, ¡ahora que me doy cuenta! ¡Si ha venido tu madre y no me he enterado de cómo es!

—Pues normal. Aunque tengo que reconocer que me ha sorprendido que me dejara quedar.

—¿Ves?

—No veo nada. Oye, no te aproveches, que de lo que estábamos hablando es de lo tonta que estás tú.

A Alicia se le empezaban a cerrar los ojos, pero Cecilia, que llevaba dos días dormitando, estaba muy despierta.

—Me gustaría cambiarme contigo, A.

—¿El cambio también incluye padres? —murmuró ésta.

—Humm... seguro que los tuyos no son tan

malos. En cambio, me sentaría bien ese vestido que vimos el otro día en Ritmo, ¿te acuerdas?

—Humm... ¿Cuál?

—¡Eh! ¡No te duermas! El negro. ¡Eh! ¡Alicia! ¿Te has dormido?

MARCOS

Alicia no había abierto el pico en todo el día. Por la mañana apenas había habido tiempo de despedidas: un desayuno rápido y un beso de Cecilia-madre. Había vuelto a su casa, se había cambiado y, recogiendo su mochila, había salido corriendo hacia el colegio.

La jornada se le fue en dar vueltas a lo que habían hablado la víspera, pero no progresó mucho en su objetivo de entender por qué Cecilia se sentía tan mal. «Todo el mundo», había repetido continuamente. ¿Quién era «todo el mundo»? ¿Alicia no formaba parte de ese mundo? Y esa gente con la que se relacionaba, ¡pues unos serían listos y elegantes y otros no! Había ratos en que Alicia terminaba decidiendo que lo único que pasaba era que Cecilia era una egoísta. Pero inmediatamente meneaba la cabeza. No. No era cierto. Ella la conocía y sabía que C se preocupaba de los demás, aunque fuera con aquellas formas cuentistas y alocadas que la caracterizaban.

A mediodía decidió hablar con Marcos. Pero no sabía ni el teléfono ni la dirección del chico, así que no tenía más remedio que ir a buscarle a la salida del colegio. Aunque si se quedaba al entrenamiento llegaría tarde y si le explicaba a Lorenzo lo que pasaba no la dejaría salir, a falta sólo de cuatro días para las pruebas. Por tanto, decidió inventarse una excusa.

—Lorenzo —le dijo después de comer—, me ha dicho mi madre que esté a las cinco en punto en casa. Que tenemos que ir al aeropuerto a recibir a no sé quién de su empresa que viene con los hijos.

—¡A las cinco! Pero ¿no le has dicho que tienes entrenamiento?

—Sí, pero no me ha hecho caso.

El profesor se quedó con aire disgustado y Alicia se marchó con sensación de culpa; pero a las cuatro y media en punto interrumpió el entrenamiento, se fue al vestuario y en cuanto estuvo lista salió corriendo camino del colegio de Cecilia.

Llegó cuando los alumnos todavía no habían empezado a salir y se colocó estratégicamente para asegurarse de que no se le escaparía su presa. Pero, aun así, fue Marcos el primero que la divisó.

—¡Alicia! ¡Vaya sorpresa! ¿Qué haces aquí?

—He venido a buscarte. Tengo que hablar contigo. ¿Puedes?

—¡Por Júpiter! ¡Por Tutatis! ¡Por Amón! ¡Qué misterioso! Claro que puedo. No me lo perdería por nada del mundo. ¿Adónde vamos?

—A donde quieras. Allí, a aquellos bancos.

—Venga, vamos.

Cuando se sentaron hubo un momento de silencio. Alicia no sabía por dónde empezar y Marcos —extraño tratándose de él, pensó Alicia— aguardaba mirándola.

—Se trata de Cecilia —dijo Alicia por fin.

—Venga, desembucha.

—¿Sabes por qué está de reposo?

—Por anemia, ¿no?

—Pero ¿sabes por qué tiene anemia?

—No.

—Pues de no comer.

Marcos dio un bote en el asiento.

—¿Lo de la anorexia?

—Bueno, algo así —respondió Alicia—. Pero eso era antes. Ahora se ha complicado todo un poco más.

Más tranquila después de haber roto el fuego, Alicia le fue contando a Marcos lo que sabía de Cecilia, aunque omitió el episodio de la tienda de su padre. La rabia que Cecilia sentía contra su cuerpo y la lucha que había desarrollado contra él; la convicción de que los demás la consideraban torpe y poco atractiva; su incapacidad para valorar las cosas que sabía hacer, lo simpática y cariñosa que era...

Sin darse cuenta, Alicia llevaba casi dos horas hablando. Olvidando su laconismo habitual, se detenía en detalles, trataba de recordar con exactitud palabras y comentarios, volvía sobre cosas de las que ya había hablado para ligarlas con lo que estaba tratando de explicar en aquel momento... Marcos no intervenía más que para asentir o sugerirle una palabra cuando Alicia se atascaba, aunque no le quitaba los ojos de encima.

—¡Oye! ¡Si se está haciendo de noche! ¿Qué hora es? —dijo Alicia de repente.

—Las siete menos cuarto —respondió Marcos.

—Pero tío, ¡si llevo dos horas hablando! Y tú, ¿qué haces ahí callado como un pasmarote?

—¡Enamorarme perdidamente de ti, oh, Alicia! ¿Quieres casarte conmigo? —dijo poniendo una rodilla en el suelo y tratando de besar teatralmente el borde del pantalón de la chica.

—¡Idiota! ¡Estás como una cabra! —respondió Alicia enfadada—. Te estoy hablando de Cecilia y no me haces caso.

—¡Que no te hago caso y llevo dos horas sin respirar! ¡Oh, mundo injusto y cruel! Pero tienes razón —dijo recuperando súbitamente la seriedad—. Estamos hablando de Cecilia. Me has explicado muy bien lo que le pasa aunque parece que no sabes por qué, ¿verdad?

—Exacto.

—Pues yo tampoco. Pero se me ocurren dos cosas.

—A ver.

—Una, que de repente te das cuenta de que lo de ser un niño estaba muy bien, pero que ya no lo eres y que eso es un lío. No te gustan muchas de las cosas que te rodean, aunque no puedes cambiarlas... ya te has dado cuenta de que tus padres no pueden arreglarlo todo, como creías... No sé cómo explicarlo. Es como si te metieras en el mar y una ola demasiado grande te arrastrara y te pareciera imposible tener fuerza suficiente como para librarte de ella. Bueno. Algo así.

—¿Y la otra? —preguntó Alicia.

—La otra la tengo más clara —respondió Marcos bajando la voz—. Es el miedo a que no te quieran.

Alicia lo miró fijamente.

—¿Tú tienes miedo a que no te quieran? —preguntó.

—¿He dicho yo eso? —se evadió Marcos.

—¿Crees que Cecilia tiene miedo a que no la quieran?

—No sé, pero por lo que tú cuentas supongo que sí.

—Entonces es que es tonta —dijo Alicia, enfadada.

—Sí —rió Marcos—. Como tú y como yo y como muchos otros. Pero escucha. Es tarde y tengo que volver a casa. Voy a pensar sobre todo esto, a ver qué podemos hacer. Te llamaré. ¿Me das tu teléfono?

—Anota —contestó Alicia—. Adiós —dijo finalmente, despidiéndose con un movimiento de cabeza—. Adiós.

Ella también tenía que volver a casa. Se sentía mejor, pero estaba muy cansada. Llamaría a C por teléfono para ver cómo estaba. ¿Se le ocurriría algo a Marcos? Estaba contenta de haber hablado con él. Pero ahora quería descansar. Realmente, ¿había dormido algo la noche anterior?

EL GENIO EN LA BOTELLA

El Colegio Norte era un lugar de actividad frenética y los profesores, que apenas podían controlar los nervios de los estudiantes, se habían resignado a que aquélla fuera una semana perdida desde el punto de vista estrictamente académico. El ambiente —festivo y de tensión— afectaba a todos los alumnos aunque —lógicamente— los participantes directos en los Juegos lo vivían de un modo especial.

Alicia no tenía casi tiempo de pensar. Había ido a ver a Cecilia el martes y la había encontrado más tranquila. Al menos hablaba sin llorar. Se le había pasado la fiebre y estaba comiendo sin vomitar. Marcos no la había llamado. Pero estos pensamientos le atravesaban rápidos la mente antes de volver a desaparecer empujados por el recuerdo de las últimas instrucciones de Lorenzo, por los comentarios de sus compañeros o por ensoñaciones que la trasladaban al estadio universitario y le hacían ver por adelantado la película de los Juegos.

Aquel miércoles, poco después de llegar a su casa, sonó el teléfono. Era Marcos.

—Alicia, seguro que creías que me habían vuelto a meter en la botella y que no podía salir.

—¿Qué dices? ¿De qué botella hablas?

—¿No sabías que soy el genio de la botella? Lo que pasa es que soy malísimo y sólo me dejan salir...

—Venga, Marcos, ¡no te enrolles! —lo cortó Alicia—. ¿Has pensado algo?

—¿Que si he pensado algo? ¡He pensado muchísimo, tengo meningitis de tanto pensar! Pero como no me dejas que te cuente mi vida...

—Tienes razón —confirmó Alicia—. No te dejo. A ver, dime algo en serio.

—Bueno, pues mira, pensando y pensando y hablando con los compañeros del colegio hemos llegado a la conclusión de que...

Aquella tarde cambiaron los papeles y fue Alicia la que escuchó largo rato en silencio a su amigo. Finalmente, la chica le dijo:

—Marcos, sois estupendos. Me parece una idea buenísima. ¿Cuándo has dicho que lo vais a hacer?

—El viernes. Necesitamos un poco de tiempo para preparar las cosas, así que hemos quedado ese día a la salida de clase. ¿Podrás venir?

—Desde luego —contestó Alicia—. Aunque puede que llegue un poquito tarde. Yo creo que el viernes no habrá entrenamiento, pero si intento escaparme antes de que Lorenzo nos suelte puede matarme.

—Y si no hay entrenamiento, ¿qué vais a hacer? —preguntó el chico.

—No sé —respondió ella—, supongo que nos hará las últimas recomendaciones.

—Y el sábado, ¿a qué hora empiezan los Juegos?

—A las nueve y media. ¿Vas a ir? —le preguntó Alicia.

—Sí. Pienso ponerme en primera fila y desgañiplaudir a tope.

—¿Desgañiqué? —preguntó Alicia.

—¡Ay! ¡Es que ya estoy nervioso y «me se» juntan las palabras! Quería decir que voy a desgañitarme animándote y a aplaudirte a rabiar. Y luego presumiré de que soy amigo de la campeona.

—Bueno. Aunque eres un plasta intentaré que puedas presumir. ¿A qué hora habéis quedado?

—A ninguna. Quiero decir que iremos directos desde el colegio.

—Vale. Pues nos veremos allí. Adiós.

—Adiós, Alicia.

Alicia se quedó contenta. Le había gustado la idea de Marcos y sus amigos. Se fue a su habitación y, poniendo en marcha el ordenador, escribió: «Te necesito. Alicia».

Luego, pasó un buen rato probando distintos tipos de letra, marcos en los que encuadrar el mensaje, colores para el marco, para el fondo, para el texto... hasta que dio con la combinación que le pareció más acertada y la imprimió en una hoja que finalmente pegó sobre una fina cartulina. Guardándola con cuidado, se tumbó en la cama. No tenía ganas de estudiar. Estaba relajada y sus pensamientos saltaban con facilidad de un tema a otro.

En aquel momento estaba recordando la entrevista con Lorenzo.

«Alicia, a ti no te voy a insistir en recomendaciones técnicas. Sólo quiero darte este mensaje: Cuando estés en la salida, olvídate de todo y corre. Sólo tienes que correr. No te preocupes de la gente, ni de las demás corredoras. Sólo tienes que correr tan rápido como puedas. Es muy fácil.»

Parecía fácil. ¿Lo sería en realidad?

PATATAS FRITAS

Cecilia estaba terminando el último trabajo del curso para Sociales. Se había detenido un momento, revisando las hojas ya escritas con mirada crítica: flojo. Dos meses atrás lo hubiera elaborado más, habría hecho un esfuerzo mayor buscando fotografías o dibujando escenas ilustrativas. Pero se sentía cansada. Y aburrida. Lo de estar sola en casa, que pasada la sofoquina inicial le había gustado, ahora le resultaba triste. Aunque ya la siguiente semana tenía que volver al médico, para que le repitieran los análisis y decidieran si podía volver a hacer vida normal.

Cecilia lo deseaba y lo temía. Tenía ganas de volver a ver a sus compañeros y de reincorporarse a las rutinas del colegio. Pero no estaba segura de casi nada. Lo único que tenía claro era que no sabía qué quería ni qué temía. Había momentos en que se veía como los demás, interviniendo en todo lo que surgía en la clase, sin temor a nadie ni a nada. Pero en otras ocasiones suponía, simplemente, que no la veían. No que la rechazasen o algo así. Sencillamente que no existía.

Había empezado a comer algo mejor. En parte por aburrimiento y por la imposibilidad de seguir buscando revistas y recetas mágicas para conseguir el aspecto físico que deseaba. Pero, sobre todo, porque ya no estaba segura de que aquél fuera el problema principal. «Desde luego, guapa no soy», pensaba irreductible. Pero si adelgazase más, ¿resultaría más interesante a los ojos de los demás? Ya no estaba segura.

Su madre había ido a recoger a Raúl al colegio y acababan de llegar. Algo pasaba, porque venía regañándole o mandándole callar, o algo así. Raúl, a veces, era muy pesado. Pero un par de minutos más tarde se oyó el telefonillo del portal. Su madre lo atendió y, a continuación, se fue al cuarto de Cecilia.

—Ceci, hazme un favor. Baja al portal, que me ha debido de caer el monedero al sacar las llaves.

—¿El monedero? ¿Y cómo sabes que ha sido en el portal?

—Acaba de llamar la vecina del primero, que lo ha encontrado. Anda, baja y tráemelo.

Cecilia salió y empezó a bajar la escalera extrañada aún de que su madre la hubiera enviado. Llevaba tres meses sin salir apenas de casa. «Será porque como ya se acaba el período de reposo...», pensó.

En el portal no había nadie, ni se veía el monedero por ninguna parte. Cecilia se asomó a la puerta de la calle, dudó, y se volvió a meter. ¿Qué había visto? Volvió a acercarse a la puerta y salió. La planta baja de su bloque había estado ocupada por una carbonería, que cerró años atrás sin que ningún otro negocio hubiera venido a sustituir al anterior. Pegados al muro, dando incluso la vuelta a la esquina, había un montón de chicos y chicas, encartelados, de cara a la pared. Todos llevaban un cartón por delante y otro por detrás, unidos entre sí por cintas que les descansaban en los hombros, y en los que habían escrito en grandes letras ANÉMICA, ¡VUELVE PRONTO!

Presa aún del estupor, oyó una voz familiar que gritaba «Preparados, listos... ¡YA!», mientras los compañeros de clase de Cecilia dejaban su posición de castigados mirando al muro y se daban la vuelta hacia ella. También por su parte hubo un momento de expectación, mientras observaban sonrientes la reacción de su compañera. Pero el silencio duró poco: Cecilia se echó a llorar y fue rodeada inmediatamente por una masa cariñosa y vociferante, que chocaba entre sí a causa de sus carteles.

—¡Estáis bobos! —decía Cecilia entre lágrimas.

—¡No es muy original!

—¡Se te van a salir los mocos!

—¡No vas a poder leer lo que hemos escrito! ¡Hemos trabajado mucho!

Entre risas y empujones, Cecilia se limpió un poco la cara, mientras los demás, dirigidos por un enérgico Marcos, se ponían uno junto al otro para que Cecilia pudiera leer lo que figuraba en la parte delantera de los carteles. En la espalda todos llevaban lo mismo, el primer mensaje que Cecilia había leído al salir del portal. Pero por delante cada uno había escrito algo distinto. A veces era sólo un texto; otras, éste estaba decorado o iba acompañado de pegatinas o dibujos.

Cuando se calmó, Cecilia empezó a recorrer la fila de encartelados: «Cecilia: la clase no ha sido la misma sin ti en estos meses. ¡Por favor, vuelve! Marta». «Por favor, no me falles. Te necesito: sólo tú eres capaz de hablar más y más de prisa que yo. No puedo morir sin haber conseguido vencerte en alguna ocasión. Marcos.» «¡Egoísta! ¡Acaparadora! ¡Los tienes a todos deseando tu vuelta y encima quieres ser más sexy que Madonna! Elisa.»

Cuando leyó «Te necesito. Alicia», levantó la vista.

—¿También tú aquí? —preguntó dirigiéndose a Alicia.

—¡Claro! Pero ¡ojalá no hubiera venido, porque me estoy muriendo de envidia! —contestó guiñándole un ojo.

Cecilia continuó el recorrido: «¿Quién nos quitará de encima al... del profesor de Lengua si tú no estás para liarlo con tus representaciones? Borja». «Tía, ¡te necesito para completar mi colección de marionetas! Sin mí no saben moverse, pero sin ti no tienen vida! María, titiritera.» «¿Qué tienes que

CARBONERIA
SE ALQUILA
915 78933
Vuelve pronto hermosa Alberto
ANÉMICA. ¡VUELVE PRONTO!
Te NECESI Alicia
¿Quién nos quitará de encima al ... del profesor de Le si tú no estás pa liarle con tus representacion Borja
ANÉMICA. ¡VUELVE PRONTO!

has conseguido poner a toda la clase en movimiento? Cruz, tutora.»

Cecilia se puso a llorar de nuevo y los colegas se le volvieron a echar encima. Se sentía feliz, pero no sabía qué decir.

—¡Que hable!, ¡que hable! —empezaron a corear sus amigos.

—¡Venga, tíos! —contestó Cecilia—. Con el regalo tan magnífico que me habéis hecho, no me hagáis esto ahora.

—¡Que hable!, ¡que hable! —repitieron al unísono.

—¡Pues enteraos bien! ¡No voy a hablar! ¡Estoy tan contenta de veros y de las cosas que me habéis escrito, que si sigo hablando no diré más que chorradas y cursiladas! Así que voy a aprovechar que es mi día para daros una orden: ¡que no se vaya nadie llevándose MIS carteles, que pienso guardarlos para siempre! Y ahora, esperad un minuto, que subo a casa a por tres céntimos de euro para invitaros a una patata frita a cada uno.

LA CARRERA

El gran día había llegado. Alicia estaba citada en la puerta de los vestuarios del estadio universitario a las ocho de la mañana, pero desde las seis estaba levantada y vestida. Había dormido poco y se había levantado dos veces para cambiar de sitio la bolsa de deporte, tratando de asegurarse de que no se la iba a dejar en casa al salir.

A las siete y cuarto terminó de desayunar y cogió todo lo que necesitaba para irse. No quería esperar a sus padres, que le habían dicho que irían a verla. El estadio no estaba lejos y prefería ir sola, andando.

Según se iba aproximando, empezó a ver grupos de chicos y chicas que se acercaban. La acera de la puerta de entrada a los vestuarios estaba ya a tope, y tardó un poco en localizar a algunos de sus compañeros. Y a Lorenzo, que había sido el primero en llegar. Todos estaban nerviosos y hablaban sin escucharse, relatándose cómo habían pasado la noche o quién de su familia o amigos iba a ir a verlos «actuar».

Cuando finalmente abrieron las puertas de acceso al campo, hubo carreras y empujones, aunque acompañados de risas y bromas. Pero Alicia se sentía mal. Sentía las tripas y una sensación rara y desagradable en el estómago. Mientras esperaba que quedase una cabina libre para cambiarse de ropa, notó que le daban unos golpecitos en el hombro.

—¡Campeona! ¡Relájate, que esto es un juego! —Era Lorenzo, que la miraba con una sonrisa amable—. Esto de hoy no son Olimpiadas, ni campeonatos europeos, sino...

—¿Sino qué? —preguntó Alicia al ver que el profesor dejaba la frase inacabada.

—Juegos. Juegos Escolares, ¿te acuerdas? Se viene a correr, saltar, gritar y pasarlo bien. ¿De acuerdo?

Alicia no contestó. ¿Por qué habría aceptado meterse en aquel lío? ¿Qué hacía allí, en medio de tantas tías que gritaban y coreaban los nombres de sus respectivos colegios? ¿Qué le importaba a ella que el Colegio Norte ganara o no una medalla?

Cuando por fin encontró una cabina, se cambió y salió al campo. Sintió frío y volvió para coger una chaqueta. Al salir de nuevo se fijó en las gradas. Estaban casi vacías, aunque se veían grupitos de gente que iba entrando. Echó un vistazo tratando de reconocer a alguien, pero no lo consiguió. Aún era pronto. Los concursantes se habían ido arremolinando alrededor de las mesas de los jueces. Se iba a proceder al sorteo de colegios, para ver en qué grupo entraba cada uno. Sería largo, porque tenían que hacerlo para todas las pruebas, y tanto para equipos masculinos como femeninos. Alicia no se acercó. No le apetecía mezclarse con tanta gente. Quería estar sola ya que no podía estar en otra parte. Se acordó de los de baloncesto y natación. Tampoco habrían empezado todavía. Pero al menos en el polideportivo y en la piscina se estaría caliente, mientras que ella estaba helada.

La joven se había apoyado en la barandilla que separaba a los espectadores del campo, ajena a lo que sucedía a su alrededor. Para cada prueba había dieciséis colegios. Harían dos grupos, de ocho cada uno, y los cuatro primeros de cada grupo competirían entre sí para decidir el ganador. Por tanto, la primera vez que corriera cada prueba tenía que quedar entre las cuatro primeras. Y la segunda, ganar. Abstraída en sus pensamientos, no oía ni los altavoces que informaban de los resultados de los sorteos y convocaban a los atletas para las primeras pruebas, ni las voces de sus compañeras, que la llamaban para comunicarle el grupo en el que habían quedado; ni tampoco las que desde las gradas proferían Cecilia y sus padres. Finalmente, una de sus colegas llegó hasta ella.

—¡Alicia! ¡Venga, que te toca empezar!

Alicia se despertó y acompañó a la otra muchacha. Se quitó la chaqueta, se estiró un poco y prestó atención a las indicaciones que les daban. El Colegio Norte correría los 100 metros por la quinta calle. Las calles iban quedando libres al concentrarse el resto de los participantes en el campo interior. Alicia se encaminó a su puesto, colocó adecuadamente los pies y esperó la señal. Cuando sonó el disparo, empezó a correr. Pero aquella carrera no era como las de otras ocasiones. Vio el suelo rojizo de la pista, vio pasar a sus competidoras y, cuando se dio cuenta, ya habían entrado en meta.

—¡Cuarta, cuarta! —le gritaron sus compañeros abalanzándose sobre ella.

Efectivamente había entrado la cuarta. Estaba clasificada, por tanto, pero recibió la noticia con una sensación extraña. Aquello no había sido correr. No había disfrutado haciéndolo. Buscó a Lorenzo con la mirada y lo encontró pegado a la pista, por el lado de las gradas, escribiendo algo en un cuadernito. El profesor levantó los ojos en aquel momento y su mirada se cruzó con la de la chica. Lorenzo le hizo señas de que se acercara. Cuando Alicia llegó hasta él, el profe le tendió la mano mientras decía:

—¡Enhorabuena! ¡Estás clasificada!

Pero al estrechar su mano, Alicia notó el papelito que Lorenzo le daba. Lo cogió, sin muestra alguna de haberlo recibido, y se alejó un poco para abrirlo. Tenía poco escrito: «Alicia, lo importante no es la gente que te rodea, ni el sitio, ni siquiera los premios. Lo importante es que a ti te gusta correr. Olvídate de todo y corre».

Alicia se sacudió. Hizo una bolita con el papel y lo tiró en una esquina. De repente se sintió como si ya estuviera despierta. Empezó a moverse, estirarse, saltar un poco. Cuando acabó la carrera de preselección del otro grupo, echó una ojeada, pero se desinteresó pronto. Aquellas caras no le decían nada.

Al poco rato oyó que le convocaban para la primera vuelta de los 200 metros. Se situó en la línea de salida, esperó, y cuando escuchó el pistoletazo echó a correr. En pocas zancadas se había despegado de sus contrincantes, y cuando llegó a la meta y miró hacia Lorenzo lo vio exultante, agitando los brazos y dando saltos. Había corrido consciente de cada paso, del peso de su cuerpo sobre los talones cada vez que éstos se posaban en el suelo, del tirón en la ingle al estirar la pierna. Había corrido con la satisfacción que siempre le producía darse cuenta de la fuerza de su cuerpo. Y en aquellos momentos se reía feliz, rodeada por sus compañeras. Cuando acabaron las efusiones, buscó a sus amigos entre el público, y vio a Cecilia y su familia y a Marcos. Y un poco más lejos, a sus

3

padres, que agitaban un periódico y aplaudían. Y, formando un grupo compacto, a los compañeros de colegio, que se desgañitaban coreando su nombre. «¡Qué curioso! —pensó—. Hasta ahora ni me había dado cuenta de que estaban aquí.»

Alicia contestó a todos con alegría y volvió a unirse a sus compañeros. Y, desde aquel momento, las carreras femeninas de aquella edición de los Juegos se convirtieron en un recital a cargo de una sola participante: Alicia volvió a quedar la primera en las preselecciones de 400 y de 1.500 metros, ganó la medalla de oro en 100, 200, 400 y 1.500 y consiguió una ventaja abrumadora para su equipo en la carrera de relevos, que ganó así la de plata.

Como ya les había adelantado Lorenzo, el graderío no estaba al completo. Se veían grupos de familias, de colegiales y mucho espacio entre unos y otros. Pero el entusiasmo es contagioso, y el dominio que Alicia empezó mostrando en las pruebas previas alcanzó pronto a muchos de los asistentes, que pasaron a engrosar el coro de los fans del Colegio Norte.

—¡Ali, sí! ¡Ali, sí! ¡Ali, sí! ¡Sí-sí-sí! —oía ahora una y otra vez los gritos acompañados desde alguna parte del campo por un cencerro.

FINAL

A las seis de la tarde aún no habían comido pero, al menos, ya estaban sentados en una cafetería dispuestos a tragar lo que les pusieran delante: Alicia, Cecilia, Raúl y sus padres, Marcos y los padres de Alicia. Atrás habían quedado las horas de las fotos con el equipo, con Lorenzo, con los compañeros del colegio y el escándalo que habían montado en la calle, a la puerta del campo de deportes. Alicia llevaba sus cinco medallas colgando y se dejaba querer.

En aquel momento, Marcos pugnaba con Hermógenes para explicar al camarero la algarabía, hasta que éste levantó las manos pidiendo silencio.

—¡A ver si me he enterado! Aquella señorita —dijo señalando a Alicia— es una ganadora de las Olimpiadas. Ella tiene hambre porque ha corrido y ustedes porque han brincado. ¿Es así?

—¡Sííí...! —gritaron todos a una.

—Pues si me hacen el favor de no dar tantas voces, les voy a traer algo para que se recuperen. ¿De acuerdo?

Hermógenes fue a protestar, pero su voz quedó silenciada por los demás, que habían captado simpatía en la voz del camarero y querían seguir haciendo fiesta de todo.

—¡Qué juventud esta! —dijo a la madre de Cecilia, a cuyo lado se había sentado—, tan distinta de la nuestra.

—¿Usted cree? —respondió Cecilia-madre—. Nosotros también aprovechábamos cualquier ocasión para reírnos.

—Sí, pero teníamos menos ocasiones. Cuando yo era niño, malvivíamos de lo que sacaba mi padre, que iba de peluquero a domicilio, y de lo que sacaba mi madre fregando las escaleras de las casas buenas del barrio. Y a los ocho años ya trabajaba yo llenando botes de especias, en la fábrica

aquella que había en Estrecho. El polvo se te metía por los ojos y todo el cuerpo te picaba. No crea, no, que tenía yo mucho tiempo para reír.

La madre de Cecilia calló.

—Pero su hija sólo se ha asomado a ese mundo en las películas —dijo débilmente.

—Yo no he dicho nada de mi hija, aunque usted parece saber mucho de nosotros y me ha leído el pensamiento. Pues sepa usted una cosa: la quiero mucho, muchísimo, haría cualquier cosa por ella. Pero no quiero que salga hecha una criaja consentida y llorona. El mundo es de los luchadores, de los que saben imponerse a los demás. Los otros no son más que carne de cañón.

—¿Quién sería el loco del cencerro? —preguntaba mientras tanto Alicia en voz alta—. Debía de ser de nuestro colegio, porque no lo tocaba cuando nosotros no corríamos.

—¿Quién? —preguntaron a la vez, riéndose, Cecilia y Marcos—. ¡Aquél!

Alicia miró sorprendida en la dirección señalada por sus amigos.

—¿Qué pasa? —preguntó el padre de Alicia al sentirse observado por todos.

—Alicia, que quiere saber quién tocaba el cencerro —contestó Marcos.

Hermógenes relajó el duro gesto que se le había puesto mientras hablaba con Cecilia-madre y, sin decir nada, metió la mano en el bolsillo y sacó un cencerro colgado de una cinta. En silencio, se levantó y, acercándose a Alicia por detrás, se lo pasó por encima de la cabeza colgándoselo junto a las medallas. Inclinándose un poco, abrazó a la chica y acercando la boca al oído de su hija le susurró:

—Te queremos.

Aunque los demás no pudieron oír las palabras de Hermógenes, algo caló en el ambiente y dejó a todos en silencio. Y mientras Cecilia y Alicia cruzaban sus miradas, llenas de la seguridad de saber que su amistad les permitiría afrontar juntas muchos otros retos, la madre de Cecilia miraba a Alicia y a su padre preguntándose «¿Encontrarán alguna vez el camino al corazón del otro?».

ÍNDICE

Si te ha gustado el libro,
aquí tienes más opciones

Un anuncio para papá
El silencio del asesino
El misterio de la isla de Tökland
Intercambio con un inglés
El crimen de la Hipotenusa

Trabajo

1er folio un dibujo de lo que mas me halla llamado la atención

2º folio 1º nombre y apellido

2º Legua 3º 1º ESO B

3º Resumen con margen.

4º folio opinion personal

5º temas a debatir

6º

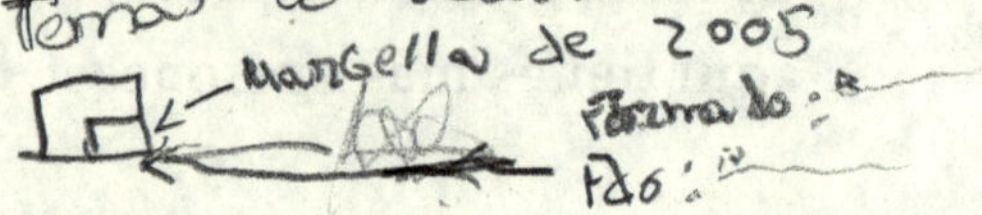

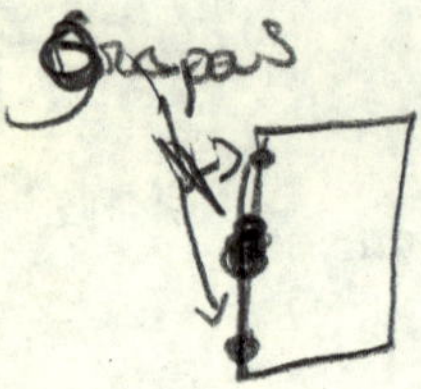

Fecha y día 18 de Mayo